湛庐 CHEERS

与最聪明的人共同进化

HERE COMES EVERYBODY

献给我的孙辈，
他们将会知道耐克当年的故事

AIR MAX 120
AIR MAX 180
AIR MAX 2014
AIR MAX 2015
AIR MAX 2016
AIR MAX 2017
AIR MAX 270
AIR MAX 90
AIR MAX 93
AIR MAX 94
AIR MAX 95
AIR MAX 96
AIR MAX 96XX
AIR FORCE 1
AIR FORCE 1 HIGH
AIR FORCE 1 LOW
AIR HUARACHE RUN
AIR HUARACHE LIGHT
AIR HUMARA
AIR MAX 97
FLYKNIT AIR MAX
AIR MAX ULTRA
AIR MAX 97 ULTRA
AIR ZOOM ELITE 8
AIR ZOOM ELITE 7
AIR ZOOM ELITE 6
AIR ZOOM ELITE 5
AIR ZOOM ELITE 4
AIR ZOOM ELITE 3
AIR ZOOM ELITE 2
AIR ZOOM ELITE 1
AIR JORDAN I
AIR JORDAN II
AIR JORDAN III
AIR JORDAN IV
AIR JORDAN V
AIR JORDAN VI
AIR JORDAN VII
AIR JORDAN VIII
AIR JORDAN IX
AIR JORDAN X
AIR JORDAN XI
AIR JORDAN XII
AIR JORDAN XIII

初学者的心充满各种可能性，老手的却不多。
——铃木俊隆，《禅者的初心》

编者按

别管别人怎么说你的想法很疯狂……
前进，不停就好。
不要停下来，
甚至在你达到目标前都不要想是不是要停下来，
不要过多地关注"目标"到底在哪里。
无论面临什么，
都不要停下。

这是 1962 年的那个早晨，菲尔·奈特先生给自己的切嘱，也是他内心一直愿意践行的铁律。

历时一年，我们也在不断试验与寻找《鞋狗（青少版）》该有的样子。在这个过程中，我们幸运地邀请到了 6 位优秀的小伙伴参与进来。他们就读于不同学校，课业之余有自己的独特喜好与特长，绘画、摄影、撰文……甚至还开创了自己的事业。他们 6 人组成了青少年编委会，为这个版本提供了许多新鲜的好点子。

我们真心希望，这本不一样的《鞋狗（青少版）》能伴你度过不一样的青春，你也能找到实现梦想的原力！

听听青少年编委们怎么说

小时候我们都会不适应陌生的环境，上了学我们都会胆颤于以后的专业，长大了我们都会畏惧即将踏入的社会。可人生并非命中注定，这条路理应是靠双脚一步一步慢慢摸索出来的。所谓摸索，那一定是磕磕绊绊的，可能会走得非常艰难，需要不断坚持与努力，需要坚定的信念。但是，走过漫长斗争之路的你回过头时，一个曾经完全没有预设的人生将会出现在你眼前。

承载了故事的人生才能叫作人生，充满了冒险与未知的经历才能成就梦想。所以，如果你有向往着的更好的生活，请带着鞋狗精神一路风雨无阻地闯下去。

——杜怡霖（Elaine Du）

"鞋狗"，我想它不仅仅是个名称，更是许多人的创业梦。想出一个点子，然后去做，把它实现，正如耐克的标语"JUST DO IT"，别等后悔了再想珍惜。每个人的梦想都值得赞赏与鼓励，只看你敢不敢去做。鞋狗精神，就是对梦想的执着、坚持……

——吴靖童

每双鞋都会带来一段不一样的故事，与其说是鞋，不如说是一种灵魂。耐克鞋本身也伴随着一段又一段的故事，它带给青少年的还有信仰。《鞋狗（青少版）》讲述耐克创始人菲尔·奈特的故事，奈特先生让青少年们明白，脚上的不仅仅是双鞋，更是一段传奇。以前的我们只看见耐克被追捧的辉煌，只知道无数个性鲜明的天才运动员，可真实的故事是，耐克的"成功"中充满艰辛与失败，天才运动员与大多数运动员一样都要克服无数困难，才能一路向前。打开这本书，给你一个不一样的运动鞋世界。

——汪思宇

人不能为了庸碌而庸碌，而是要找寻到属于自己的意义，明白自己想成为怎样的人。别人都在前进，我为什么要停下？追寻确定目标的过程大多是多舛的，有时还会对"目标"的所在提出质疑。也许我们并不清楚成功的定义，我们也并不需要过分纠结于目标在哪里或成功是什么，我们需要做的是沉浸与投入于正在做的事情，并且不要停止前进。

——陈思雨

创业并非一日之功，而创业的念头也不是脑子一热的结果。从始至终，保持初心，持之以恒地不懈努力着；无论何人何物，以诚相待，这就是我对菲尔·奈特的初步认识。一段段朴实无华的文字，使人们不会把《鞋狗（青少版）》当作一本传统的自传。一个个绘声绘色的小故事串起来，组成了一段人生故事、一条通向成功的道路。

——李念

不论前路荆棘密布，
但凡心中信念不倒，
双脚迈出的下一步就是能够企及的地方。

——简丁丁

扫码下载"湛庐阅读"App,
搜索"鞋狗",获取更多本书信息。

什么是彩蛋 | 彩蛋是湛庐图书策划人为你准备的更多惊喜,一般包括①测试题及答案②参考文献及注释③延伸阅读、相关视频等,记得"扫一扫"领取。

中文版序

给中国读者的一封信

我上大学的时候，学校开设有许多很棒的关于中国历史和中国文化的课。但我都没有选，因为在那时，美国公民还不能前往中国大陆。它是我看不见的世界的一部分，因此那会儿我对它毫无兴趣。

吉米·卡特担任美国总统时，中美在 1979 年正式建交，此后一切都不同了。

首先，我意识到了商机。这里既可以成为我们的生产地，也可以成为我们重要的销售市场。我们设法得到了中国政府的邀请，在 1980 年 7 月来华进行商业考察。

那是一次非常迷人的旅程，访问也很成功。从那时开始，我们在中国的业务一步一步发展起来。在 37 年后的今天，中国不仅已经成为耐克最大的产地，而且也是我们的第二大市场。我们的大中华区总经理董炜也是全国公认的优秀企业经理人。

除了显而易见的商业影响，那次旅程中迷人的部分则牢牢地抓住了我。我沉醉于这个国家的人和文化，尽管那时我连长征都不知道。

后来,亨利·辛(Henry Hsin,已故)成了我的导游和朋友,在他的帮助下,我在每次出差时都会拿出些时间去领略历史的魅力:长城、外滩、十三陵、故宫、知名高校、大熊猫……我不仅去了大家常去的旅游景点,而且造访过重庆的周公馆、烈士山、刘寿石博物馆(the Liu Shou Shi Museum),观看过上海马拉松和全国田径锦标赛。

我还买了500多本书,这些构成了我在中国的私人图书馆。这些书主要讲的是20世纪30年代到20世纪80年代的历史,也就是我初次访华前的半个世纪的历史。

因为这一切,我对中国人抱有深厚的敬意和感情。我的回忆录已经在31个国家出版了,但这本有点不同。这一本是特别的。

菲尔·奈特

译者序
新时代与《鞋狗》精神：
从新青年到新匠人

毛大庆
优客工场和共享际创始人、董事长

预读、尊享、限量、精装、平装，直到你手中的青少版，这是我邂逅《鞋狗》后的第 6 个版本了。但是，正如作者说到的，这一本是特别的。

能够继续作为《鞋狗（青少版）》的译者，尤其我的女儿，作为一个标准的 00 后，也参加了青少版的编辑工作，我感觉由衷地快乐和兴奋。

在新版序中，菲尔·奈特描绘了儿女长大离家后的情景，打开房门，一床空卧。作为两个孩子的父亲，这个静景深深触动了我。你们都将长大，离开父母的庇佑，去大千世界闯荡，过自己不一样的人生。

过去一段时间，我与许多创业者分享过《鞋狗》，共同探讨创业。现在，我也希望能与正值韶华的你们一起历险，在这场伟大传奇中，去发现实现属于你们的"疯狂想法"的原力。

我知道"NIKE"在你们的概念里应该是与潮、时尚搭界的，而"鞋狗"，听上去有些嬉皮，好像不怎么雅致。在这里，我想先与你们分享一下作者对于"鞋狗"的诠释：

> 鞋狗就是那些全身心投入其中，努力制造、销售、购买或设计鞋子的人。一辈子从事这个行业的人会乐于使用这个词来描述其他终生致力于此的人，他们不论男女都劳心劳力地为鞋子这一事业奋斗，完全不考虑其他事情。这是一种耗费时间和精力的狂热，一种可以分辨的心理紊乱，他们太过关注内底和外底、线条和贴边、铆钉和鞋面。但我理解这种情绪，普通人一天平均要走 7 500 步，一生要走 2.74 亿步，相当于绕着地球走 6 圈。于我而言，鞋狗只是想要参与大家的这趟旅程，鞋子是他们与人类联系的方式。在鞋狗的观念中，改进每个

人与地球表面接触的方式就是优化这种联系方法。

从一次环球之旅开始,年轻的菲尔·奈特就是以这样的鞋狗精神,聚合了同样的一批"鞋狗",用一双双更适合奔跑、更适合射门、更适合投篮、更适合挥拍、更适合达阵的运动鞋,建立了耐克,改变了世界,实现了他的梦。

待读懂"鞋狗",你就会渐渐明白,我们脚上穿的不只是一双鞋,还是一段传奇,是一个人的信仰、冒险、永不放弃,以及在艰难中挺过煎熬的经历。你也会在这个故事里,找到写就你自己追梦故事的能力。

世界正在向我们展示一个难以置信的神奇明天,人类正飞奔向科学技术大飞跃的新时代。中国正在崛起的一代青年,是真正摆脱了贫困、摆脱了基本的物质诉求、摆脱了以物质为奋斗目标的一代新青年。新时代也对这代新人有着很多新的期许。我期待着,在这次大冒险后,新青年们都有所获,并且能在逐梦的路途中,以鞋狗精神为底色,做新时代的新匠人,创造属于各自生命的精彩。

我相信,新青年们一定会把更好的自己展现给世界,同时,也会让这世界变得更好。

世界归根结底是属于年轻人的。

序言
写给我的孙子孙女们

亲爱的乔丹、洛根、里德利、威洛、安东尼、迪伦、尼古拉斯、里德、亨利、赖利、梅里克：

当我还是个高中生的时候，我不知道自己这辈子要做些什么。或者更确切地说，我每个星期都有不一样的想法，记者、商人、律师、体育评论员、老师……

直到大学毕业，甚至研究生毕业的时候，我也没想清楚。我努力接受良好的教育，因为我知道这会有所助益。但是，当不得不面对人生选择时，我还是备受困扰。

现在我才意识到，我是幸运的。做选择的过程是人生之路中妙不可言的部分。对我来说，这段旅途中并没有一条清晰的路，却有一条走过来还不错的路。我想，与你们分享这段旅程或许对你们有些帮助。

我大都记得你们出生的那一刻，世界在你们眼前展开的时候。也就是在那一刻，你们的长辈们迎来了一个新的挑战：如何武装

你们，如何培养你们，如何训导你们，如何与你们同乐。

通常来说，那一天很快就会到来。我们走进你们的房间，屋子里一片清冷，空留下一张安静的床。那时，我们的任务完成了，而你们即将踏入成人的世界：上学、工作、与别人成家。

如果祖父这一路中的经验、教训能对你们有点帮助，那这一切就都值了。

我自己的家跟你们任何一个人的都不太一样。在我家，我的两个儿子，也就是你们当中6个人的爸爸：马修和特拉维斯，他们与另外一个兄弟一起成长，这个兄弟他们看不到、摸不着，但一直都在。

他们也知道，他一直都在。

让你们了解我们家的这个人，对我来说很重要。关于他，已经有很多报道了，但我想让你们通过我的眼睛去看他，看他呱呱坠地的情景、青春年少时的挣扎，以及他成长、成熟到可以独自离家。

我把他年轻时不懂事的各种状况都在这里说了，但我仍然希望你们能够把他当成家庭里的一员来接纳。

爱你们的爷爷

目录

编者按	/ III
中文版序	给中国读者的一封信 / VII
译者序	新时代与《鞋狗》精神：从新青年到新匠人 / IX

　　　　　　毛大庆
　　　　　　优客工场和共享际创始人、董事长

| 序　言 | 写给我的孙子孙女们 / XIII |

| 拂　晓 | **前进，不要停下来** / 001 |

第一部分

你瞧，在我们这里，得拼命地跑才能保持在原地。要是想到别的地方，那就得再快一倍才行。

刘易斯·卡罗尔，《爱丽丝镜中游》

1962

一个疯狂的想法 / 013

它们紧密地排列成 V 字——我在某本书上读到过，那些在阵列后面的大雁负责巡航，只需付出头雁八成的努力就够了。每个跑者都清楚这点，跑在前面的总是最辛苦、风险最大的。

漫长的等待 / 049

那些人生当中最好的时光已经离我远去了吗？我的全球之旅是……人生的巅峰吗？玉佛寺的雕像会给我一些启示，而鸽子完全没有任何回应。

第一位合伙人，第一位员工 / 055

我发现这不是销售，而是我对跑步的信仰。我坚信如果人们每天外出跑上几公里，世界就会变得更美好，我也坚信这些鞋更适合跑步。人们在感受到我的信念后，也会想要为自己打造这种信念。

脆弱的蓝带 / 091

作为会计师的我依旧能看出风险的存在，而作为创业者的我却也见到了可能性。所以我折中了一下，继续前行。

天字第一号业务员 / 109

我望着弯曲、炽热的地平线，觉得全世界只有一人足够无所牵挂、精力充沛、志向远大、举止疯狂地愿意一经通知就搬去东海岸，而且会在鞋子到达前准备好一切。

蓝带挺进东岸 / 129

在任何情况下，我都轻视他们，厌倦自己每天抬头仰望认为他们遥不可及的那段时光。我不愿再想我的宿命就是永远都无法超越他们。

1963 1964 1965 1966 1967

改变一生的决定 / 147

我告诉她我根本不想要为任何人打工。我想要建立属于自己的事业，未来可以自豪地指着自己打造的一切说：这是我做的。这也是我觉得让生命更有意义的唯一方式。

寻找更大的办公室 / 169

我们经常说，一个任务可以帮你保持头脑清醒。我们都清楚，找到更大的办公室这个小任务意味着我们在走向成功。我们在推动蓝带体育公司获得成功，在实现内心深处对胜利的渴望，或者至少不要失败。

现金！现金！现金！ / 189

请不要觉得我们面临经济困难，我们没有破产，只是没钱。我们有很多资产，却没有现金。我们只需要更多时间。现在轮到我说"还要几天"了。

我们需要一个标识 / 209

"这个似乎像是翅膀。"一个人说。"像是'嗖'的一声在空气中留下的痕迹。"另一个人说。也像某个跑步运动员飞速留下的踪影。我们都觉得这个标识独特新颖、创意十足，多少又透露出一股子古老的气息。它具有永不过时的气质。

永远不要停下来 / 233

在接下来的数年中，在塑造我们品牌的时候，我们的商业运营总是处于两个极端：极度顺利和崩溃边缘，而且这两个极端状况经常同时存在。

后	记	给年轻读者的一封信 / 265
致	谢	/ 275

拂晓

前进，不要停下来

Young Readers Edition

我比任何人都起得早，在鸟儿鸣叫前，在太阳露脸前，我会吃片吐司，穿上自己的短裤和运动衫，系紧绿色的跑鞋，然后悄悄地从后门"溜"出去。

在完成双腿、肌腱和后腰的拉伸后，一边沿着晨雾深处寒冷的道路艰难下行，一边不满地抱怨：为什么万事开头总是那么难？

路上没有车辆、人烟，甚至没有任何生命的迹象，世界于我而言只有空荡荡的孤寂，虽然树木似乎都在关注着我的行动。当然，这里是俄勒冈州，树木似乎总是"洞悉一切"，并且总是在你背后。

环顾四周，我的内心不禁在想，风景真美，平静、祥和、绿荫环绕。我为自己的家在俄勒冈而深感自豪，为自己出生于波特兰而深感荣幸，但仍有一丝遗憾残留在我心头。虽然风景秀丽，但俄勒冈却让有些人认为它从未发生过任何大事或永远不可能发生大事。如果俄勒冈有任何出名的地方，那就是我们为到达这里而开辟的古老道路。自此之后，一切都平静无波。

我最好的老师，也是我认识的最好的人之一，就时常提到这条路，他会激动地强调，它代表了我们与生俱来的东西：我们的个性、命运，甚至是我们的基因。"懦夫从不启程，"他对我说，"弱者死于路中，只剩我们前行。"

是的，就是我们。我的老师坚定地认为沿途会找到先驱者某些罕见的精神品质，某些强烈的包容一切可能性的乐观心态混合了减弱的悲观情绪。作为俄勒冈州人，我们的任务就是让这种精神品质永垂不朽。

我会点头称是，表现出对他应有的尊重。我喜欢这个人，但有时从他那儿离开后却不禁会想：天哪，这不过是条脏兮兮的路而已。

在那个浓雾弥漫的清晨，在多年背井离乡之后，我终于要开辟自己的道路——回到家乡。再次回到家乡让我有一种奇妙的感觉，与父母和双胞胎妹妹们再次生活在一起，重新睡在自己儿时的床上，一切都显得那么陌生。深夜躺在床上，我不由自主地盯着大学的课本、高中的奖杯和蓝丝带，心里想着：这是我吗？我还是我吗？

我飞快地沿着道路一路下行，呼出的气体在寒冷的晨雾中形成寒霜般圆形的雾圈，慢慢旋转消失。我用力地体会身体被唤醒的初体验，享受在大脑完全清醒前的美妙时刻：四肢和关节逐渐伸展开来，身体开始变得柔软。我的动作从僵硬变得流畅。

快点，我告诉自己，再快点。

我认为自己至少表面上是个成年人了。我本科毕业于一所好大学——俄勒冈大学，在顶级的商学院——斯坦福大学商学院取得硕士学位，在美国军队服役一年，驻扎于刘易斯堡（Fort Lewis）和尤斯蒂斯堡（Fort Eustis），未遭任何损伤。我的简历表明我是一个受过高等教育、已经退役的军人，是一个年满24周岁、完全成年的人……那么，我不禁好奇，为什么我仍觉得自己像个孩子呢？

与以往一样，我还是那个容易害羞、面色苍白、瘦得跟电线杆似的男孩。

原因可能是我从没经历过任何人生大事，至少没有经历过太多的诱惑和激情，我连规则都不曾打破过。20世纪60年代正是美国反叛精神盛行的时代，我可能是美国唯一没有任何叛逆之举的人。我根本无法想象自己会做出任何出人意料的举动。

如果我开始考虑那些没做过的事情，那么理由也相当简单：那些是我认为最棒的事情。我已经发觉，要想准确地说出我是什么人、我是谁，或我可能变成什么人，这是相当困难的事情。与所有朋友一样，我也想要成功，但与朋友不同的是，我不清楚成功的意义到底是什么。金钱？可能吧。家庭，房子？当然，如果

我足够幸运。这些都是我们自小被教育应该追求的目标,而在一定程度上我也会本能地想要追求它们。但内心更深处,我却在搜寻某些其他东西,具有更丰富寓意的东西。我痛苦地意识到我们的人生相当短暂,比我们了解的更短,就和晨跑一样短。我希望自己的一生更有意义,自己能有目标,有创造力,有举足轻重的地位。最重要的是,我要与众不同。

我希望在世界上留下个人存在的印记。

我希望获得胜利。

不,这么说不准确,人生不一定会赢,而我就是不想输。

就这样,一切顺其自然地出现了。在我年轻的心开始跳动,像鸟儿一样振翅翱翔、像树木一样郁郁葱葱时,所有的一切就呈现在我的眼前,那完全是我所期望的生活——尽情比赛(play)。

对,就是它,就是这个词。我始终怀疑幸福的秘密。球在半空时,双方拳击手感觉到一个回合结束的铃声即将敲响时,或是跑者靠近终点、观众集体站起来时,那些事情就处于某个我们所不清楚的地方。在决定胜负前最激动人心的半秒内,显然会产生一种愉悦感。我想要的就是那个,无论那到底是什么,我就想让那种感觉充实我的人生,填满我每天的生活。

我曾多次幻想自己成为伟大的小说家、记者或国家政要,但我的终级梦想却始终是成为一名杰出的运动员。不幸的是,命运只让我成为一名不错的运动员,远未达到出色的程度。24岁的我最终屈服于这个事实。我会在俄勒冈的跑道上奔驰,会通过个人的努力赢得荣誉，但也仅限于此。现在，我开始轻快地每6分钟跑一英里。在冉冉升起的太阳照亮大地时，我问自己：是否有在无法成为运动员的情况下仍然可以体会运动员感觉的方法？答案是时刻比赛而不工作呢，还是特别享受工作，让工作和比赛基本没有区别？

当时整个世界都笼罩在阴影之下，每日令人厌倦的工作使人筋疲力尽，还时常伴随不公的待遇。我想，可能唯一的答案就是找到某个似乎有价值、有趣又合适的梦想，即便惊人又荒谬也无所谓，然后以全身心投入、不达目的不罢休的运动员精神努力追寻。无论喜不喜欢，人生就是一场比赛。那些否认这个事实，简单地拒绝比赛的人就会被抛弃在一旁。这绝对不是我所希望的，更准确地说，这是我完全不想见到的。

到底是什么总是一如既往地让我产生疯狂想法？

可能，仅仅是可能，我需要再三思考一下我的疯狂想法。可能我的疯狂想法会……奏效？

可能。

不，不，我要跑得更快，再快一点，就像在追赶某人一样，同时也要像被追赶一样。这个方法肯定会奏效。我对天发誓一定要让它奏效，使其他任何可能性都不存在。

我突然就笑了起来，几乎是放声大笑。我像以往一样大汗淋漓，优雅轻快地跑动着。

我希望
在世界上留下
个人存在的印记。
我希望获得胜利。
不，
这么说不准确，
人生不一定会赢，
而我就是
不想输。

I WANTED TO LEAVE A MARK ON THE WORLD. I WANTED TO WIN. NO, THAT'S NOT RIGHT. I SIMPLY DIDN'T WANT TO LOSE.

DAWN 拂晓 前进,不要停下来

我看见自己的疯狂想法在上方闪闪发光，完全不显得疯狂，甚至看起来都不像是个想法，而像是个归属之地，像一个人，或像某种在我行动前就早已存在，独立于我但也是我不可分割的一部分生命力。它在静静地等候着我，却也在躲着我。这可能听起来有点夸张、有点疯狂，但那的确是我当时的体会。

或者可能我当时并没有那种体会，可能我的记忆放大了那种灵机一动时的感受或将多个灵感浓缩成了一个。又或者可能的确有这么一个时刻，但那不过是跑者兴奋起来的感觉而已。我不清楚，也无法断定。关于那些逐渐归类到不同日子、月份和年份的太多内容已经消失，就像晨间消散的呼气雾圈一样。

最终，留下的就是令人舒适的确定感，这点与始终留在原地的真相紧密相关。24 岁的我的确有个疯狂想法，而且虽然可能和所有 20 多岁的年轻男女一样，对存在性焦虑的不安、对未来的恐惧、对自己的怀疑会让我心不在焉，但我还是认为世界就是由疯狂想法构成的。历史就是疯狂想法的长期发展。我最喜欢的事情——看书、运动、民主、自由企业，也都是从疯狂想法起步的。

就此而言，可能几乎没什么会和我最喜欢的跑步一样疯狂。跑步不仅痛苦、冒险，而且回报甚少，也完全没有保障。在绕着椭圆形跑道或道路跑步时，根本不存在真正的目的地，至少没有任何东西可以完全证明个人努力的合理性。跑步这个动作本身就是目的地，不仅是因为没有终点线，也是因为你可以自己定义终点。不论你从跑步中获得何种愉悦或收获，你都必须将它们发掘出来。这完全取决于你如何设计它，如何接纳它。

每个跑者都清楚这一点。你不停地跑步,一段接着一段,却不太清楚为什么而跑。你告诉自己跑步是为了某个目标,追求某种刺激,但你跑步的真正原因却是停下来会让你感觉到对死亡的恐惧。

所以,就在1962年的那个早晨,我告诉自己:别管别人怎么说你的想法很疯狂……前进,不停就好。不要停下来,甚至在你达到目标前都不要想是不是要停下来,不要过多地关注"目标"到底在哪里。无论面临什么,都不要停下。

那就是我突然给自己提出的具有先见之明的切嘱,也是我从内心一直愿意践行的铁律。50多年后,我相信这是最好的建议,可能也是任何人都应该给自己的唯一建议。

你瞧，在我们这里，得拼命地跑才能保持在原地。要是想到别的地方，那就得再快一倍才行。

——刘易斯·卡罗尔，《爱丽丝镜中游》

第一部分

AIR MAX 1
AIR MAX 120
AIR MAX 180
AIR MAX 2014
AIR MAX 2015
AIR MAX 2016
AIR MAX 2017
AIR MAX 270
AIR MAX 90
AIR MAX 93
AIR MAX 94
AIR MAX 95
AIR MAX 96
AIR MAX 96XX
AIR FORCE 1
AIR FORCE 1 HIGH
AIR FORCE 1 LOW
AIR HUARACHE RUN
AIR HUARACHE LIGHT
AIR HUMARA
AIR MAX 97
FLYKNIT AIR MAX
AIR MAX ULTRA
AIR MAX 97 ULTRA
AIR ZOOM ELITE 8
AIR ZOOM ELITE 7
AIR ZOOM ELITE 6
AIR ZOOM ELITE 5
AIR ZOOM ELITE 4
AIR ZOOM ELITE 3
AIR ZOOM ELITE 2
AIR ZOOM ELITE 1
AIR JORDAN I
AIR JORDAN II
AIR JORDAN III
AIR JORDAN IV
AIR JORDAN V
AIR JORDAN VI
AIR JORDAN VII
AIR JORDAN VIII
AIR JORDAN IX
AIR JORDAN X
AIR JORDAN XI
AIR JORDAN XII
AIR JORDAN XIII

1962 一个疯狂的想法

它们紧密地排列成 V 字——我在某本书上读到过，那些在阵列后面的大雁负责巡航，只需付出头雁八成的努力就够了。每个跑者都清楚这点，跑在前面的总是最辛苦、风险最大的。

在对父亲提起这个话题时，在鼓起勇气告诉他我的疯狂想法时，我确信那是在傍晚。那是与父亲在一起的最佳时间，因为他那时是相当放松的，吃饱喝足，舒服地躺在电视角落的躺椅上。我还可以把头往后靠，闭上眼睛听见电视里观众大笑的声音，听见他最喜欢的节目《马车队》(Wagon Train) 和《皮鞭》(Rawhide) 的主题曲。

他的最爱始终都是 20 世纪 50 年代的《雷德·巴顿斯秀》

(*The Red Buttons Show*)。每一集开头雷德都会唱:"吼吼,呵呵……奇怪的事情正在发生。"

我坐在他旁边的直背椅子上,无力地笑着等待下一个广告,在脑海中一遍又一遍地预演我的说辞,特别是开场白:"呃,爸爸,你还记得我在斯坦福时有过的疯狂想法吗?"

那是我最后的几门课之一,一门关于创业精神的讨论课。我写了一篇关于跑鞋的研究论文,这篇论文一开始只是一个平淡无奇的任务,后来却逐渐让我全力以赴地沉迷其中。作为一个跑者,我了解一些关于跑鞋的信息。作为一个商人,我清楚日本相机已经严重动摇了一度被德国产品主导的相机市场。因此,我在论文中辩称日本的跑鞋也可能达成同样的结果。这个想法激起了我的兴趣,鼓舞着我,吸引着我不断前进。它看上去似乎太过明显、简单,但又拥有无限潜力。

我花费数周的时间准备论文,"驻扎"在图书馆,专心寻找任何可以找到的关于进出口和开创公司的信息。最后,根据要求,我需要向同学正式演示我的论文,但大家的反应却相当索然无趣,没有一个人提问。我的满腔热情和无限紧张最后得到的只是疲惫的叹气和空洞的眼神。

教授认为我的疯狂想法的确具有价值,他给了我一个A,但也仅限于此,至少理应是仅限于此。不过,我从未真正停止思考这篇论文。之后在斯坦福读书期间,在每天早晨跑步时,甚至直到在电视角落与父亲谈及此事时,我都始终在想着去日本找一家制鞋公司,向他们推广我的疯狂想法,希望他们的反应会比我的同学更加主动积极，有意与来自"沉睡中"的俄勒冈的性格害羞、面色苍白、身材瘦削的孩子合作。

我也曾异想天开地打算自己绕行往返于日本，来一次异域之旅。我在想，除非我首先出发游览全球，否则如何在世界上留下自己的印记？在参加大型跑步赛事前，你总是想要先在赛道上走一走。一场全球背包之旅可能就是我要做的。我想要游览地球上最美、最神奇的地方。

这个想法几乎是个神圣般的存在。当然，我想要品尝其他美食，听听其他语言，体会其他文化，但我真正渴求的是精神之间的联系。我想要体会中国人所谓的"道"，雅典人所谓的"理"，印度教徒所谓的"智"，佛教徒所谓的"法"，以及基督教徒所谓的"灵"。在出发开启个人的生活之旅前，我觉得自己首先需要理解人类更伟大的旅程；去探索最宏伟的寺庙、教堂和神殿，最圣洁的河流和山峰；去感受……上帝的存在？

是的，我告诉自己，没错。我更想了解的是上帝。
但首先，我需要父亲的批准。
而且，我还需要他的钱。

"行，你去吧，巴克。"

我已经在去年提过要进行一次大的旅行，而且父亲似乎也没有任何意见，但可以肯定的是，他已经忘掉了这件事。我显然要再次"推波助澜"，在原有的提议基础上加上这个疯狂想法，这个使人惊讶的顺道之旅——去日本，还要创办一家公司？这都是浪费时间和金钱的事情。

他显然把这次旅行想得太远。

这次旅行也会耗费大量资金。我之前的军旅生涯，以及过去几个暑假的兼职工作让我有些储蓄。最重要的是我打算卖掉我的车——1960年的深红色名爵，配有赛车轮胎和双凸轮轴。所有的钱加在一起约有1 500美元，这远远不够，我不得不跟父亲开口。他点着头，嘴里发着"嗯嗯，嗯嗯"的声音，把目光从电视转向我，然后在我和盘托出的时候又再次回望电视。

"还记得我们之间谈过的吗，爸爸？我说我想要去看看这个世界。"

"喜马拉雅山，金字塔。"

"死海，爸爸，死海。"

"好吧，哈哈，其实我也想去一趟日本，爸爸。还记得我那个疯狂想法吗？日本跑鞋？记得吗？那可能是个绝妙的想法，爸爸，绝妙的！"

我夸大其词地描述着自己的想法，强行进行"推销"，特别生硬，因为我相当讨厌推销，也因为这次特殊的推销几乎没有任何成功的可能性。父亲刚刚给俄勒冈大学支付了数百美元，又为我在斯坦福的学费花了几千块。他不过是《俄勒冈期刊》（Oregon Journal）的出版商，这份稳定工作的工资能满足基本舒适的生活需求，包括我们在波特兰最安静的郊区伊斯特摩轮（Eastmoreland）的克莱伯恩大街上宽敞明亮的大房子，但绝不是富豪。

同样，也是在 1962 年，地球变得更大。虽然人们开始通过飞机绕行地球，但实际上 90% 的美国公民仍然没有坐过飞机。普通男女通常都只在自家 160 公里半径范围内活动，所以哪怕是提起坐飞机进行全球旅行都会让任何一位父亲感到不安，特别是我的父亲，他公司的前任就死于一场空难。

撇开金钱和安全问题不谈，整个想法其实也是不切实际的。我知道 27 家新公司中可能有 26 家都会失败，我父亲也清楚这点，而冒这样大的风险完全是与他所坚持的一切相背离的。我父亲在不少方面都是一个传统的主教派教徒，一个耶稣的忠诚信仰者，但他同样追求另一种秘密的神性——体面。他喜欢被崇拜。他喜欢每天在主流社会中大放异彩。因此，环球旅行对他而言没有任何意义，这显然不适合一个广受尊敬之人的儿子去做，可能其他人的孩子会这么做。

因为这些及其他的一些原因，我本以为父亲会因我所说的勃然大怒，且快速地否决一切："哈哈，疯狂想法，希望渺茫呐，巴克。"（我的教名是菲利普，但父亲总是叫我巴克。实际上，在我出生前他就叫我巴克。母亲跟我说，父亲会习惯性地轻拍着她的肚子，问："小巴克今天怎么样？"）不过，在我说完后，父亲却从躺椅上起身笑盈盈地看着我。他说，他总是遗憾在年轻的时候没有多出去走走看看，而旅行可能是我学习生涯的最后一笔润色。他说了很多很多，但所有的一切都更多地强调旅行而不是疯狂想法，我没有纠正他。我也没有抱怨，因为他至少给了我祝福，还有钱。

"行,"他说,"行,你去吧,巴克。"

在对父亲表示感谢后,在他有机会改变主意前,我飞快地离开了那个角落。直到后来,我才有些愧疚地意识到,父亲没有经常旅行才是我想要旅行的深层原因,可能也是主要原因。这次旅行、这个疯狂想法是成为与他不同的人——某个不那么注重体面的人,唯一毋庸置疑的方法。

或者我可能不会不体面,但可能不会那么沉迷于体面。

其他家人也没有那么支持我。外祖母听到我的行程后,其中一项让她特别惊讶,"日本!"她哭喊道,"为什么,巴克,想想珍珠港!"

我喜欢外祖母,大家都称她为哈特菲尔德奶奶。我理解她的担心和害怕。对于出生在俄勒冈州罗斯堡(Rosebury)的小农村,且终生都住在这里的她而言,日本可能太过遥远。我有很多个夏天都跟她还有哈特菲尔德爷爷待在一起。几乎每晚,大家都会坐在门廊上,听着青蛙与落地式收音机竞比音高。

我的双胞胎妹妹们——珍妮(Jeanne)和乔安妮(Joanne),她们比我小4岁,似乎不太关心我要去哪里或要做什么。

我的母亲,据我回忆,没有发表任何意见。她很少这么做,但这次却不同寻常地保持了沉默,也就相当于是同意,甚至是自豪地同意我的举动。

我花了数周时间阅读、计划、准备我的旅程。我坚持长跑,在与头顶上飞过的大雁赛跑时默念着每个细节内容。它们紧密地排列成 V 字阵列——我在某本书上读到过,那些在阵列后面的大雁负责巡航,只需付出头雁八成的努力就够了。每个跑者都清楚这点,跑在前面的总是最辛苦、风险最大的。

早在与父亲"坦白"前,我就决定最好能找一个同行的人,而这个人就是我在斯坦福的同学卡特(Carter)。虽然在威廉贾威尔大学(William Jewell College)的时候一直是个篮球明星,但卡特并不是那种常见的运动员。他戴着厚厚的眼镜,喜欢读书,并且读的都是好书。他很容易沟通,又轻易不开口说话,这两点对朋友而言是同样重要的,而对旅程伙伴来说也是基本的要求。

但是卡特却当面"嘲笑"我的想法。当我列出想要去的地方——夏威夷、东京、香港、仰光、加尔各答、孟买、西贡、加德满都、开罗、伊斯坦布尔、雅典、约旦、耶路撒冷、内罗毕、罗马、巴黎、维也纳、西柏林、东柏林、慕尼黑、伦敦,他后跳一步,狂笑不止。我窘迫地低下头,开始道歉。然后,卡特还是笑个不停,他说:"这个主意太棒了,巴克!"

我抬起头,发现他并不是在嘲笑我,而是因为开心、兴奋才笑个不停。他觉得这个计划棒极了。"你需要很大的勇气才能把这样一个行程安排在一起。"他说。因为勇气,他也想要加入。

几天后,他得到父母的同意和从他父亲那里借来的一笔钱。卡特从来不会手忙脚乱地浪费时间,一旦发现无人防守就抓住机会投篮——这就是卡特。我暗自决定,要在我们环游世界的时候多多向这样的人学习请教。

我们各自带了一个行李箱和一个背包，彼此保证只带基本的必需品：几条牛仔裤、几件 T 恤、跑鞋、沙漠靴、太阳镜，外加一条土黄色军裤（suntans），那是 20 世纪 60 年代对卡其色裤子的称呼。

我还带了一套优质的西装，绿色两粒扣的布鲁克斯兄弟牌，以防我的疯狂想法得以实现时没有得体的衣服可穿。

环游世界，是时候离开这片乐土了

1962 年 9 月 7 日，卡特和我挤进他那辆老旧的雪佛兰，开上 5 号州际公路，飞速经过威拉米特山谷（Willamette Valley），驶出俄勒冈丛林密布的底部，就像是穿过树根一样。我们驶进加利福尼亚松树般的尖角处，不断上行经过高耸、葱郁的山脉，然后一路下行，直到深夜才抵达浓雾弥漫的旧金山。那几天，我们都是寄宿在朋友家的地板上，然后途径斯坦福，取出卡特"库藏"的一些东西，最后买了两张标准航空公司（Standard Airlines）前往檀香山的特价票。单程，80 块。

感觉不过几分钟，卡特和我就踏上了瓦胡岛（Oahu）机场砂砾铺设的跑道路面。我们环顾四周，抬头望着天空，心想：这里的天空和家乡的不一样。

我们打车去了威基基海滩（Waikiki Beach），就在正对大海的对街汽车旅馆住了下来，迅速放下包裹、穿上泳裤，竞相冲向大海！

一踏上沙滩，我就兴奋地大叫、狂笑、踢掉拖鞋，然后直接冲到海里，直到海水浸到脖子后才停了下来。然后我潜到水下，直达水底，再浮出水面大口吸气，我大笑着，翻过身来仰泳。最后，我蹒跚地回到岸边，扑通一下躺在沙滩上，对着天空中的鸟儿和云朵笑了起来。我当时肯定就像个从疯人院里逃出来的病人。卡特坐在我旁边，他的表情跟我一样疯狂。

"我们应该留在这里，"我说，"为何急着离开呢？"
"那你的计划呢，"卡特问道，"环游世界呢？"
"计划有变。"
卡特笑道："想法不错，巴克。"

于是，我们就找了份工作——挨家挨户地推销百科全书。当然，这不是什么有魅力的工作，而且相当折磨人。我们要到下午7点才开始工作，所以有充足的时间来冲浪。突然之间，似乎没什么比学习冲浪更重要了。不过尝试了几次，我就已经能够直立站在冲浪板上，而短短几周之后，我的技术就已经相当不错了，真的相当不错。

因为工作后有收入，所以我们俩就退掉汽车旅馆的房间，签约租了一间公寓。那是一个配有家具的工作室，带有两张床，一张是真的床，一张是"假的"。那张"假的"床其实是一块铁板，可以从墙面上展开。考虑到卡特更高、更重，所以他就睡那张真的床，而我就睡铁板，我不在乎这个。一天的冲浪和推销百科全书的工作结束之后，我可以在火炕里睡着。我们的租金是100块一个月，两个人平摊。

那段日子相当幸福,就跟在天堂似的,但只有一件小事不如人意——我的百科全书推销不出去。

我推销不出百科全书就没法补贴生活。我似乎年纪越大就越害羞,而我过度的不自然通常会让陌生人觉得不舒服。因此,对我而言,推销任何东西都是件具有挑战性的事情,而推销百科全书就完全是一场严酷的考验,因为百科全书在夏威夷就跟岛民和蚊子一样多。不管我如何熟练或强迫地让自己说出那些在短期培训课程中被灌输的关键词:"孩子们,要跟大伙儿说你不是在推销百科全书,而是在销售人类知识的大纲……人生问题的答案!"得到的反应始终是一样的。

走开,伙计。

如果说我的害羞使我不善于推销百科全书,那么我的天性就让我鄙视这种行为。我无法接受太多的拒绝,这一点在我高一被棒球队拒绝的时候就已经清楚了。虽然那只是大规划中一个小小的挫折,但我也深受打击。那也是我第一次真正了解,不是世界上的所有人都会喜欢你或是接受你,我们会经常在自己最需要被接纳的时候被拒之门外。

我永远都不会忘掉那一天。我拖着棒球棒走在路边,蹒跚地回到家,躲在房间里悲伤难过。这个情况持续了两周,最后妈妈走到床边说:"该结束了。"她催着我去尝试其他运动。

"比如呢?"我把头埋在枕头里问。"喜欢赛跑吗?"她说。"赛跑?"我问。

"你可以跑得很快,巴克。""我能行吗?"我边说边坐起身来。

所以我就开始跑步,然后发现自己喜欢跑步,没人能够阻拦我。

如今,我要放弃推销百科全书,所有以往那种熟悉的拒绝感都随之而来,我不得不去找其他的招聘广告。没一会儿,我就在报纸上一块厚厚的黑色边框中找到一个小广告:招聘证券销售员。显然,我觉得销售证券会让我运气更好。毕竟,我有 MBA 学位,而在离家之前,我还曾成功面试过添惠公司(Dean Witter)。

经过某些研究之后,我发现这项工作有两个吸引人的优势。第一,这是伯纳德·科恩费尔德(Bernard Cornfeld,20 世纪 60 年代最出名的企业家之一)领导的投资者海外服务集团(Investors Overseas Services)提供的工作。第二,公司位于风景优美的海滨大楼顶层,透过 6 米高的窗户可以俯瞰绿宝石般的大海。这两点对我而言都相当具有吸引力,所以在面试过程中我也相当认真努力。然而,虽然几周都无法说服任何一个人买百科全书,我却成功说服科恩费尔德的团队冒险尝试录用我。

科恩费尔德的成功事迹加上动人心魄的景观,可能会在多数情况下都让人忘记他的公司也不过就是个交易所。科恩费尔德曾问过员工是否真心想要发财,他也因此声名狼藉,每天都有十几个像饿狼一般的年轻人在证明他们真心想要发财。在凶残和狂热的"迷醉"下,年轻人疯狂地打着电话,联系潜在客户,竭尽全力地争着安排面谈。

我不是个可以顺畅交流的人，实际上也不善于任何谈话。当然，我很清楚手中的数字和产品：德赖弗斯基金（Dreyfus Funds）。此外，我还知道如何说真话。人们似乎相当喜欢这点，所以很快我就安排了几个会面，完成了几笔交易。短短一周时间，我挣到的佣金就足够支付未来6个月我这一半的租金，还有多余的钱购买冲浪板蜡。

当时我们认为世界就要灭亡，这也让我们这种及时行乐的情绪更加高涨。美国与苏联的核僵持持续了数周的时间。苏联在古巴部署了三组导弹，而美国不希望出现这种情况，双方提出了自己的最后底线。谈判不欢而散，第三次世界大战随时都可能爆发。根据新闻报道，导弹可能今天晚些时间就会从天而降，最迟就在明天。世界就像曾经的庞贝城，而火山已经开始喷出火山灰。啊，每个人都认为，如果人性消失，那么这里应该是观赏升起的蘑菇云的最佳场所。再见，文明。

然而，世界却令人惊奇地"幸存"下来。危机过去，天空似乎都随着空气变得更冷而放松般地叹了口气。一个完美的夏威夷秋季随之而来。我的日子过得相当满足，几乎可以算得上是幸福。

又经过了一段焦躁不安的日子后，一天晚上，我对卡特说："我觉得可能是时候离开这片乐土了。"

我没有费力地劝说卡特，觉得没有必要这么做。此刻显然是时候回归我们的计划了，但卡特却皱着眉头，抚摸着下巴说："天哪，巴克，我不清楚到底该怎么做。"

他遇见了一个漂亮的女孩，他想要留在这里，我又能说什么呢？

我跟他说我理解他的做法，但却不禁心情低落。我在海滩上漫无目的地散步。游戏结束了，我对自己这么说。

我最不想做的就是收拾行李返回俄勒冈，但我也无法忍受一个人独自环游世界。"回家，"内心一个微弱的声音告诉我，"找一份普通的工作，做一个普通人。"

然而，我又听到另一个微弱的声音，同样的坚持："不，不要回家。继续下去，不要停。"

第二天，我向公司递交了辞呈。"巴克，太可惜了，"一个上司说，"你作为销售员前途相当不错的。""上帝可不这么想。"我低声说道。

当天下午，我就在街区下方的一家旅行社买了一张开放式机票，适合在一年内乘坐任何航班前往任何地方，就像是空中版的欧洲火车通票。1962年的感恩节，我背起背包，与卡特握手道别。

商业冒险，如何与日本人做生意

机长操着一口流利的日语给乘客播报信息，我听着广播，紧张得不停流汗。我望向窗外，看到了机翼上火红色的圆圈。

我的想法疯狂吗？我可能的确是疯了。

现在寻求专业帮助已经晚了,飞机已经呼啸而起,飞离夏威夷美丽的海滩。我低头望着巨大的火山变得越来越小,此后再也没有回头。

因为是感恩节,所以飞机上提供的餐点是火鸡、馅料和蔓越莓酱。又因为这趟航班是飞往日本的,所以也提供生鱼片和味噌汤。我把所有东西都吃完了,顺便还读了塞进背包里的平装书《麦田里的守望者》和《裸体午餐》。我就像是《麦田里的守望者》中的主人公霍尔登·考尔菲尔德(Holden Caulfield),那个满世界寻找自己容身之处、性格内向的小男孩。这时候清酒后劲上脑,让我想起《裸体午餐》作者威廉·巴勒斯的话:垃圾商人根本不是向消费者卖产品,而是把消费者卖给自己的产品。

我受不了了,睡了过去。等我醒来之时,飞机已经开始迅速、笔直地下降。下面就是"闪闪发光"的东京,俯瞰下去银座特别像一棵圣诞树。

在坐车前往我所预订的酒店时,满目却只有黑暗。城市的大片街区都完全是漆黑一片。"因为战争,"出租车司机说道,"不少建筑还是废墟。"

出租车司机和我长时间都安静地坐着,不发一言,我们实际也无话可说。

最终,司机停在我笔记本上所写的地址———一家昏暗脏乱的旅社。昏暗脏乱还远不足以形容它。我是通过美国运通预订的,没有看到实景图,现在才算是意识到自己做了个错误的决定。我穿过混乱的走廊,进入那栋看起来像要内爆的大楼。

前台一个年迈的日本女人对我鞠躬,后来我才意识到她不是在鞠躬,只是因为年纪大了有些驼背,就好比一棵历经风雨的老树。她领着我慢慢地走到我的房间,房间就像个盒子,里面只有榻榻米床垫和一张不平的桌子,别无他物。我不在乎这些,只是注意到榻榻米床垫不过纸片那么厚。我对着年迈的女士鞠了一躬,然后祝她晚安,接着就蜷缩在床垫上昏睡过去。

几小时后,整个房间都被日光照亮,我也随之清醒过来,爬到窗户边往外看。我显然是在城市边缘的某个工业区,到处都是码头和工厂。目光所及之处都是一片荒凉:建筑倒塌、损毁,几乎所有街区都被夷为平地,一切消散不见。

所幸父亲在东京有认识的人,其中就有一群在合众国际社工作的美国人。我搭出租车到达那里,大家就像家人一样热情招待我。他们给我端上咖啡和丰盛的早餐,而当我跟他们说自己昨晚所住的地方后,大家都笑开了,然后帮我订了一家干净、舒适的酒店,还推荐了不少可以尝试美食的地方。

你到底来东京做什么?当被这么问时,我解释说自己计划环游世界,然后又提到了自己的疯狂想法。"呃……"大家没什么太大的反应。不过他们却提及两个退役的美国军人,那两人在运营一本月刊杂志《进口商》(Importer)。"在你冲动地打算做些什么前,"他们说道,"不妨跟《进口商》杂志的人多聊聊。"

我对大家保证自己会这么做,但首先还是想要看看这个城市。

手里拿着旅游指南和美能达照相机的我顺利找到为数不多的几个在战争中留存的地标建筑——历史最悠久的寺庙和神社。我在围墙内的花园里坐了几个小时,了解了关于日本主流宗教——佛教和神道教的情况。我惊叹于"见性"的概念,那是迷茫之中的顿悟,就像美能达相机的闪光灯一样闪亮,我喜欢这个观点,也想要体验这种感觉。

但我首先需要改变整个思维方式。我是个线性思维者,根据禅学所言,线性思维不过是错觉而已,是让我们不幸福的因素之一。禅学认为现实不是线性的:没有未来,没有过去,有的只是现在。

似乎在每种宗教里,自我都是一个障碍和敌人。禅学明确地宣称自我根本不存在。自我就是一个幻想,一个狂热的梦想,而我们固执地认为存在自我不仅会浪费生命,而且会缩短生命。自我是我们每日告诉自己的恬不知耻的谎言,而幸福就是看穿、揭穿谎言。13世纪的道元大禅师表示,忘记自己才能真正看清自己。内在的声音、外在的声音,都是完全一样的,根本不存在区别。

特别是在竞争中,禅学认为,在我们忘记自我和对手时就会取得胜利,自我和对手不过是整体的两半而已。在禅学和剑道中,对此都有清楚的说明。

在剑道中,只有在心中不再被我和你,不再被对手和他的剑,不再被自己的剑和使剑的方法所困扰时,才能达到最完美的状态……一切都是虚空:你自己、挥舞的剑和舞剑的胳膊,即便是空虚的想法都不再存在。

我的大脑无法一下子理解，于是决定休息一会儿，去参观一个完全背离禅道的地标建筑，实际也是日本最背离禅道的地方，一个人们除了自己完全不关注其他的地方——东京证券交易所。它坐落于大理石建造的罗马风格建筑中，周围都是巨大的希腊式墙柱，从街对面望去就像是堪萨斯州静谧小镇中古板的银行。然而，里面却是一片混乱。上百人都在抓耳挠腮地尖叫着，就像是"绝望"的科恩费尔德电话推销室的升级版。

我目不转睛地盯着，仔仔细细地看着，问自己，这就是所有的一切？真的吗？我就和旁边的那个人一样爱钱，但我绝不想自己的生活只有这些。

经历过东京证券交易所的混乱之后，我需要平静，所以我走入城市静谧的市中心，走到被认为拥有无上精神力量的地方——供奉 19 世纪明治天皇和皇后的明治神宫。我坐在银杏树下静静地思考，虔诚而专心，旁边就是美丽的鸟居（torii gate）。我在旅游指南上了解到这种类似牌坊的鸟居通常是进入神圣空间的通道，所以我享受着平静，试图将其全部吸收化为己用。

第二天早上，我穿上跑鞋，跑步前往世界上最大的鱼市——筑地。这里也相当于一个交易所，只不过交易的是鱼虾而不是股票。老渔民把捕来的鱼放在木质手推车上，与衣着光鲜的商人讨价还价。当晚，我坐公共汽车去了滨湖区域，就在箱根山北部，据说这里触发了不少伟大的禅宗诗人的灵感。佛曰："在你自己融于道路前是无法体会旅程的乐趣的。"所以我怀着崇敬之心站在蜿蜒的道路前，道路从玻璃般澄净的湖泊延伸到高耸入云的富

士山,富士山呈现出冰雪覆盖的完美三角形,就和家乡的胡德山一样。日本人相信攀爬富士山是一次神秘的体验,是一场庆祝的宗教行为,而我也无法抑制内心即刻攀爬富士山的冲动,我想要踏上云端之旅,攀至顶峰,不过我还是决定等待,等到我有任何需要庆祝的事再回来。

我回到东京之后就联系了《进口商》杂志的人。那两个主管杂志运营的退役美国军人态度强硬、肌肉结实、工作繁忙,看上去就好像如果我打扰和浪费他们的时间就会把我给生吃掉一样。不过,短短几分钟的交流后,他们粗暴的外表就逐渐瓦解,变得相当和蔼可亲,表示很高兴见到老乡。我们主要谈论的都是跟体育相关的内容:你能想象洋基队又赢了吗?威利·梅斯(Wille Mays)怎么样了?肯定是最好的。没错,先生,肯定是最好的。

随后,他们也跟我说了自己的故事。

他们是我第一次遇见的表示自己喜欢日本的美国人。他们在占领时期驻扎在日本,进而为日本的文化所迷醉。在驻扎结束时,他们发现自己根本就无法离开这个国家,所以就在没人有兴趣进口任何日本产品的时候创办了这本重要的杂志,而且成功地经营杂志长达17年之久。

我跟他们说了自己的疯狂想法,他们似乎也挺有兴趣,煮了一壶咖啡,邀请我坐下详谈。"你考虑过进口哪种特定的日本跑鞋系列吗?"他们问道。

我告诉他们,我喜欢"鬼冢虎",这是位于日本南部最大的城市——神户的鬼冢公司所推出的牌子。

"对，对，我们曾见过。"他们说道。

我表示自己在考虑是不是应该南下，跟鬼冢公司的人面对面地交流。

两位退役美国军人表示，我最好首先学习一下如何与日本人做生意。

"关键是，"他们表示，"不要太鲁莽，不要表现得跟典型的美国人或者外国人一样，粗鲁、说话大声、强硬，并且不接受任何否定的答案。日本人对强买强卖不太感冒。这里的谈判通常比较和缓。日本的文化不推崇直截了当。没有人会直接拒绝你，没人会直接说不，但他们也未必会说是。他们会兜着圈子说话，既不主观也不客观。你不要觉得沮丧，但也不要扬扬自得。你可能在离开时觉得自己搞砸了一切，但实际上对方已经准备进行交易；你也可能在离开时觉得这笔生意肯定跑不掉，但实际上你已经被拒绝。你根本无法猜测对方的想法。"

我皱眉，开始担心。我本来就不是一个善于谈判的人，现在却要在一个如同充满哈哈镜的游戏屋的环境中谈判？正常的规则在这里难道根本不适用？

经过一个小时的答疑解惑，在与两位前辈友好握手告别后，我突然觉得自己已经迫不及待。趁着自己还没忘记他们所说的一字一句，我迅速返回酒店，将所有一切都一股脑儿打包装进自己的行李箱和背包里，致电鬼冢公司预约见面。

当天下午,我就动身乘火车南下了。

蓝带体育公司,瞬间诞生

日本最出名的就是无可打破的秩序和一尘不染的环境。日本的著作、哲学、服饰、家庭生活都是相当简洁、有节制的。他们推崇极简主义。日本伟大的诗人曾写道:"无欲无求,放下一切。"这句话似乎已经过千锤百炼,就像日本武士刀的刀刃或山川溪流之石一样散发光芒。

如此,我不禁想知道为何这趟去神户的火车如此脏乱不堪?

地板上到处都是报纸和烟头,座位上甚至还有橘子皮和丢弃的报纸。更糟糕的是,每个车厢都人满为患,几乎连站的空间都没有。

我在窗边找到一个拉手环,在车行的整整7个小时里都站在那里,望着窗外呼啸而过的偏远山村和跟波特兰普通家庭的后院差不多大的农场。虽然旅途时间很长,但我的身体既没有觉得疲惫,耐心也没有耗尽,因为我始终都忙着一遍又一遍地思考前辈教导的事情。

在抵达神户之后,我就在一家便宜的日式旅馆里住下来。我跟鬼冢预约的会面时间是第二天一早,所以立刻就在榻榻米床垫上躺下休息,但我太兴奋了,很难睡着,几乎整晚都在辗转反侧。清晨时分,我拖着疲惫的身子起床,看到镜子里是面色憔悴、睡眼蒙眬的自己。洗漱一番之后,我穿上自己的绿色西装,为自己打气加油。

> 你有能力，有自信，肯定能做到。
> 你能行。

结果，我却走错了地方。

我去鬼冢公司的展示厅找相关人员，但实际应该是去小镇另一头的鬼冢工厂。我跳上出租车疯狂地赶过去，但还是迟到了半个小时。4个高管没有任何抱怨地在会客室接待了我。双方鞠躬问好之后，其中一人上前一步表示自己是宫崎贤，他将为我简单地介绍鬼冢公司。

这是我第一次见到制鞋工厂，发现所有的一切都相当有意思，包括加工制造的"音乐"。鞋子在铸模时，金属鞋楦都会落在地板上，发出清脆的声音，就像音乐中的"叮咚"声。那里，每隔几秒就会发出"叮咚、叮咚"的声音，俨然就是一场鞋匠的个人演奏会。高管们似乎也挺享受，彼此都笑容满面。

我们经过会计部门的时候，房间里的每个人，无论男女都从座位上起身，统一鞠躬问好，表示对"美国大亨"的尊重。我是从日语"大君"（taikun）一词中判断出"大亨"（tycoon）这个词的（两者谐音），却不清楚如何回应。鞠躬还是不鞠躬，在日本始终都是个问题。我淡笑一下，半鞠躬后继续前行。

高管介绍称，工厂每个月可以制造15 000双鞋。"很了不起。"我说道。我其实根本不清楚这到底是多还是少。在他们的带领下，我们走进一间会议室，一位高管指着长形圆桌的主位说

道:"奈特先生,请坐这里。"

主位象征着荣耀,也代表对方更多的礼节。随后大家围绕着圆桌坐下,调整个人仪容之后,他们盯着我,解开真相的时刻终于到来了。

我已在脑海中无数次预演这种场景,就像我会在每场跑步比赛开跑发令枪声响起前做热身准备一样,但现在我却意识到这根本不是一场赛跑。大家总是本能地把所有事情——生活、交易、各种冒险都比作赛跑,但实际这种比喻并不是完全恰当的,它无法引领你抵达目的地。

过度紧张使我根本无法想起自己要说的内容,甚至连自己来到这里的理由都忘得一干二净。我急促地呼吸了几下,一切结果都与我在这个场合的表现息息相关,我把一切都赌上了。如果我失败了,如果我没有成功,我的余生可能都注定要销售百科全书、共同基金或其他我根本不关心的"垃圾",我可能会让父母、学校、家乡乃至我自己失望。

我环顾周围,在我想象这个场景时,我忽略了一个关键的要素,我忘了预想第二次世界大战在这个房间内的影响。战争存在于此,存在于各国之间,存在于日美两国之间,附着在我们所说的每个词的背景文化之中。

然而,战争同样又不存在于此。日本人民已经完全将战争抛诸脑后。同时,这个会议室里的高管也和我一样年轻,你可以感受到他们觉得战争与他们毫无关联。

另一方面，过去不可磨灭。

另一方面，胜负的对立问题会使交易更加复杂、疑云密布，甚至潜在的胜负双方又是第二次世界大战这个全球冲突的直接关系人，交易将会日渐复杂化。

房间内的安静，关于战争与和平的困惑，所有这些在我的脑海里嗡嗡作响，形成了我完全没有准备的尴尬场景。追求现实的我想要承认这一点，而理想主义的我却打算弃之不顾。我握紧拳头开始说话："先生们。"

宫崎先生打断了我："奈特先生，您就职于哪家公司？"

"噢，这个问题问得不错。"

血液中的肾上腺素骤然上升，甚至出现逃跑反应，我恨不得立刻跑掉躲起来，这也让我想到世界上最安全的地方，也就是父母的家。几十年前，一户比我家有钱的人建造了它，建筑师在屋后设计了一处侍从住所，那里就是我的卧室，里面放满了我喜欢的棒球卡、唱片、海报、书籍。房间的一面墙上贴满了我在田径场上得到的蓝丝带，这也是我人生至今唯一可以自豪的东西。所以，"蓝带体育公司，"我脱口而出，"先生们，我代表的是俄勒冈州波特兰市的蓝带体育公司。"

宫崎先生露出微笑，其他高管也笑着低声交流。蓝带体育公司、蓝带体育公司、蓝带体育公司……几位管理人员握着手再次陷入沉寂，再次把目光转向我。"好吧，"我再次开始说道，"先生们，美国的鞋类市场潜力是无限的，而且大多数潜力还没有被

挖掘。如果鬼冢公司可以打入这个市场，把鬼冢虎引入美国的商店，定价又比美国多数运动员现在穿的阿迪达斯便宜的话，那肯定会收获一笔巨大的财富。"

两个小时的谈判，拿下鬼冢虎代理权

我简单地引用自己在斯坦福的论文演示，逐字逐句地讲述我花费数周时间调查、记忆的数据和图形，给人一种善于言辞的"假象"。从高管们的表情就能判断他们应该对此印象深刻，但在我的演讲都要结束时，周围始终都是针扎般难熬的沉默。然后，一个人突然打破了沉默，接着又是一个，大家彼此大声、兴奋地交流意见，但交流对象却不是我，而是他们彼此。

再之后，所有人又突然起身离开了。

这难道是日本人拒绝疯狂想法的常用方式吗？统一起身离开？我是不是挥霍了他们对我的敬意？我是失败了吗？我该怎么做？我是不是该就这样……离开？

几分钟之后，大家又带着草图和样品回到会议室，宫崎先生在我面前展开说："奈特先生，我们一直都在考虑美国市场。"

"你们已经考虑过了？"

"我们已经在美国出售摔跤鞋。在……呃……东北部？但我们也在考虑在美国的其他地方推出其他产品线。"

他们给我展示了鬼冢虎三种不同的鞋型。一种是训练鞋，他们称之为"Limber Up"。"很棒。"我说。一种是跳高鞋，他们称之为"Spring Up"。"挺好的。"我说。还有一种是铁饼鞋，他们称之为"Throw Up"。

"不要笑，"我暗自说道，"不要……笑。"

他们提出许多关于美国、美国文化和消费趋势，以及美国体育用品商店出售的不同类型的运动鞋的问题，问我觉得美国鞋类市场有多大，可以发展到什么程度。我回答说，最终可能达到10亿美元。实际到今天，我也不确定这个数字是从哪里得到的。他们大为惊叹地往后一靠，看着彼此。结果，出乎我意料的是，他们居然开始向我推销。"蓝带体育公司……有没有兴趣……代理鬼冢虎的鞋呢？在美国？"

"有，"我说，"当然有。"

我拿着"Limber Up"说："这个鞋相当不错，我可以代理这款。"我要求他们立刻把鞋的样品运给我，在提供自己的地址后承诺会下单50美元。

他们站起来深深地鞠了一躬，我也回应般地深鞠一躬，双方握手之后，我再次鞠躬，他们也鞠躬表示谢意。大家相谈甚欢，仿佛战争从未打响，大家早就已经开始合作，彼此都是伙伴兄弟一样。而这场会议，我本以为只会有15分钟，实际却持续了两个小时。

离开鬼冢公司之后，我就直接找到最近的美国运通办事处，给我父亲发了一封信。

亲爱的父亲：

十万火急！请即刻往神户鬼冢公司电汇50美元。

吼吼，呵呵……奇怪的事情正在发生。

回到酒店之后，我就围着自己的榻榻米床垫绕圈走，想着自己到底如何安排后续的事情。我一方面想要即刻回到俄勒冈州，等候那些样品，开启自己的创业之旅。同时，我感到寂寞孤独，当时我与一切我所了解的事情、一切认识之人的联络都被切断了。哪怕是偶尔瞥见《纽约时报》或《时代周刊》，都会让我有种哽咽的感觉。我当时就是个漂流者，现代版的鲁滨逊。我想要回家，立刻。

然而，另一方面，我也同样对这个世界充满好奇，仍然想要去看看，想要去探索。

最终，好奇心战胜了一切。

每一段全球之旅都映着鞋的影子

我动身抵达香港，走在疯狂、混乱的街道上，断臂断腿的乞丐、一身脏污跪求的老人，以及乞求施舍的孤儿让我觉得恐惧。老人们静默不语，而孩子们却在不停地哭喊："嘿，有钱的大爷，嘿，有钱的大爷，嘿，有钱的大爷。"然后，他们就会哭着乞求或是击打着地面。即便我把口袋里所有的钱都给了他们，他们也没有停止哭喊。

我走到城市边缘，登上太平山顶，远眺中国内地。在大学时代，我曾读过儒家作品中的一句话——移大山始于运小石，而当时的我却强烈地觉得自己永远都没有机会移走这座特殊的大山，永远都无法更近距离地了解那块当时还封闭的神奇土地，为此我莫名地觉得难过。然而，我的旅程远未结束。

我又去了菲律宾，这里的混乱和疯狂绝不亚于香港，而贫困却是香港的两倍。我缓慢地行走在大街上，就像是在噩梦之中一般，我横穿马尼拉，经过无尽的人群和无法想象的拥堵。

随后，我辗转去了曼谷，搭乘长长的撑篙舟穿过阴暗的沼泽，抵达了露天市场，那里仿佛是希罗尼穆斯·博施（Hieronymous Bosch）画作的泰国版本。我品尝了之前从未见过，可能以后也不会再次尝试的鸟肉、水果和蔬菜。一路躲闪着黄包车、踏板车、突突车和大象，我抵达玉佛寺，这里有亚洲最神圣的雕像之一——一座整玉雕刻而成的巨大佛像，它拥有600多年的历史。站在佛像前，望着佛祖平和的面容，我问道："我为什么来到这里？我的目的是什么？"

我等了一会儿。
没有任何答案。
抑或，沉默就是我的答案。

之后我又前往越南，街上满是美国士兵，轰隆声不断，泄露出一丝恐惧的味道。每个人都清楚战争即将打响。

在1962年圣诞节前夕，我在加尔各答租了一间屋子，大小就跟棺材差不多，没有床，也没有椅子，甚至没有足够的空间。屋子里只有一张在咝咝作响的孔洞上方悬挂着的吊床，而那个洞其实就是厕所。不过几小时，我就开始生病，也许是因为空气中传播的病毒，也可能是食物中毒。我整天都在想自己可能熬不过去了，觉得自己即将死掉。

但我却不知怎么的渐渐恢复，我强迫自己从吊床上下来，然后第二天颤颤巍巍地跟随着数千朝圣者和十几只圣猴一起走下瓦拉纳西寺庙陡峭的阶梯。这条阶梯直接通往热气腾腾的恒河。在河水漫过我的腰部时，我抬头望去，我看到了什么，是海市蜃楼吗？不，一场丧礼正在河中央举行，实际上是多场丧礼。我望着哀悼者涉水进入河流，将深爱的逝者放在高高的木质棺材上，然后点燃火堆。不过离此18米远的地方，有人在淡定地沐浴，还有人在喝着恒河水解渴。

《奥义书》有言："引领我从虚幻走向现实。"所以我逃离虚幻，飞往尼泊尔的加德满都，径直徒步攀登圣洁的喜马拉雅山。在下山途中，我在一个人满为患的旧城区停下，大块朵颐地吃完一碗相当少见的野牛肉。我注意到，旧城区的居民都穿着带有红色羊毛和绿色法兰绒的靴子，靴子前端是上翘的木头脚趾，如同跑步者站在雪橇上。突然间，我就开始注意每个人的鞋子。

我再次回到印度，新年前夜游荡在孟买的大街上，穿行在牛羊群中，各种嘈杂声、各种气味、各种颜色和各种目光，逐渐让我体会到难以想象的头痛。旅程的下一站是肯尼亚，大巴在长时间行进之后总算进入丛林深处。大鸵鸟试图推翻大巴，而比特犬那么大的鹳就在窗外盘旋飞行。每次司机在不知名的地方停下来接几个马塞士兵时，总有一两只狒狒也想要趁乱上车，司机和士兵就会拿着弯刀驱赶它们。在下车前，狒狒总会回头一望，露出一副自尊受伤的表情。抱歉，伙计，我心里这样想，就像是它们的确是在与我交流一样。

我抵达开罗之后就前往吉萨平原，在那里，我仰望着狮身人面像，我身边站着的是沙漠游牧民和用丝绸装饰的骆驼，所有人都眯着眼睛注视着人面像永远张开的双眼。头顶的烈日焦灼地炙烤着，同样的烈日炙烤过无数为金字塔付出汗水的建造者和后来的旅人。我想，他们之中没有一人被后世记住。《圣经》认为所有都是虚空，禅学认为所有都是现在，而沙漠却表示所有都是尘土。

随后，我动身前往耶路撒冷，参观亚伯拉罕献祭儿子以撒的地方，也就是穆罕默德开始天国之旅的地方。《古兰经》认为当地的石块也想要加入穆罕默德的队伍，追随他的脚步，但穆罕默德以脚制止，据说他的脚印直至今日仍然可以分辨出来。他是光着脚还是穿着鞋呢？我坐在昏暗的酒馆里吃着糟糕的午餐，周围都是满脸熏黑的苦力，每个人似乎都累得不行，慢慢地、心不在焉地咀嚼着，就像是僵尸一样。"我们为什么要如此卖力地工作呢？"我暗自思忖。想想田园里的百合……它们不劳累，但也无任何用处。公元 1 世纪的拉比以利扎·本·阿扎利亚（Eleazar ben Azariah）就表示，我们的工作是人类最神圣的一部分。所有人都应为自己的工作而感到自豪，神都会提及工作，人类当然更须劳动。

我继续前行,伊斯坦布尔的土耳其咖啡让我大为惊叹,而博斯普鲁斯(Bosphorus)附近蜿蜒曲折的道路又使我迷路找不到方向。我停下脚步描绘远处闪闪发光的尖塔,一路沿着托普卡帕宫(原为奥斯曼帝国苏丹的住所,现保存着穆罕默德的剑)的金色迷宫游览。13世纪的一名波斯诗人鲁米(Rumi)写过:

不要整晚都在睡觉,你最想要得到的即将来临。
体会阳光内在的温暖,你将会看见奇迹。

我随后去了罗马。数日里,我都"躲在"一家小餐馆,狼吞虎咽地吃着意面,盯着漂亮的女人和我从未见过的鞋子。恺撒时代的罗马人相信,右脚先穿鞋,左脚后穿鞋,会带来财富和好运。我探索过杂草丛生的尼禄卧室废墟,也游览过竞技场宏伟的大理石装饰及梵蒂冈宽敞的大厅和房间。总是在清晨时分出门的我本以为人会很多,决心一定要排在队伍最前面,但实际却是没有任何人排队。整个城市都长期处于寒流之中,而我只能孤身迎接寒冷。

即便是西斯廷教堂也同样如此。独自一人站在米开朗基罗的作品下,我可以尽情地沉迷于个人的怀疑之中。我从旅游指南中了解到,米开朗基罗在绘制个人代表作的时候相当痛苦。他不仅需要忍受背疼和脖子痛的困扰,颜料也总是不停掉进他的头发和眼睛里。他跟朋友说,他迫不及待地想要完成作品。但我想,如果连米开朗基罗都不喜欢自己的工作,那对于我们而言又有何希望存在呢?

我又去了佛罗伦萨,在那里花费数日寻找但丁的足迹,阅读但丁的作品，体会他愤怒和放逐的厌世情绪。他的厌世情绪是在作品完成前出现的，还是在之后呢？是这种情绪引发或影响了他的愤怒和放逐吗？

我站在米开朗琪罗的大卫雕像面前，他眼中的愤怒让我吃惊，歌利亚永远都没有机会。

我搭乘火车一路前往米兰，与达·芬奇神交，思考他迷人的笔记，好奇他的特殊癖好。其中，我最关注的就是人类的双脚，他称之为"工程学的杰作，艺术上的珍品"。

我该与谁争论？

我在米兰停留的最后一晚去了斯卡拉歌剧院欣赏歌剧。我自豪地穿着自己的布鲁克斯兄弟牌西装，走在身着定制燕尾服的男士和佩戴珠宝、身穿长裙的女士之中。我们都在好奇中听完《图兰朵》。在卡拉夫唱到《今夜无人入睡》的"星星沉落下去，星星沉落下去！黎明时得胜利！得胜利！得胜利！"时，我的眼眶湿润起来，而在落幕时，我也不可抑制地起身鼓掌叫好！

我还去了威尼斯，在那里追随马可·波罗的脚步度过几日闲散时光，在罗伯特·布朗宁（Robert Browning）的故居前驻足良久，想到他曾说过的"如果除了美丽别无长处，那么其实你已经得到上帝创造的最好之物"。

我的旅行时间所剩不多，家人也在召唤我归去。我匆忙赶往巴黎，深入先贤祠地下，轻轻地触摸卢梭和伏尔泰的墓穴。伏尔泰说过："热爱真理，但应宽恕错误。"我住在一家破烂酒店的房间里，看见冬季的雨水在窗下的小巷里流淌，在巴黎圣母院里祈祷，迷失在卢浮宫的美妙中。我在莎士比亚书店里买了几本书，寻找乔伊斯和菲茨杰拉德的踪迹。随后，我慢慢地沿着塞纳河漫步，在海明威和多斯·帕索斯互相大声阅读《新约》的咖啡店停下，品尝一杯卡布奇诺。最后一天，我在爱丽舍宫闲逛，追寻自由之路，时刻想着巴顿将军，想着他那句"不要跟人们说如何做事，而是告诉他们该做什么，让他们创造你所惊叹的结果"。

在所有伟大的将军中，巴顿将军是最注重鞋子的，他说过：士兵穿着鞋子只是个士兵，但穿着军靴就是个战士。

结束巴黎之旅后，我飞往慕尼黑，参观贝格勃劳凯勒啤酒馆（Bürger-bräukeller），就是在这里，希特勒鸣枪发动政变，拉开引发第二次世界大战的一系列事件的序幕。本来计划参观达豪集中营，但在问路时人们总是会别过头表示不清楚。之后我又前往柏林，在查理检查站，身穿厚重大衣的苏联卫兵检查了我的护照，搜身检查之后询问我在东柏林做什么生意。"没有任何生意。"我说。我担心他们会发现我曾就读于斯坦福，因为就在我抵达前，两个斯坦福的学生曾试图用大众车将一个青少年偷运出国，他们现在仍在监狱里。

卫兵挥手示意我可以通过，走了一小段路之后，我就在马克思－恩格斯广场的角落停下。我环顾四周，空无一物。没有树木，没有商店，更没有人迹。我想到在亚洲每个角落见识到的贫穷，而这里的贫困却完全不同，在一定程度上是故意为之的，完全可以避免。我看见三个孩子在街上玩耍，两个男孩和一个女孩，都是 8 岁。经过他们身边的时候，我给他们拍了一张照。女孩头戴红色羊毛帽，身穿粉色大衣，对我露出笑容。我想自己肯定不会忘掉她，或是她的鞋子，因为那是用硬纸板做的。

之后，我去了维也纳，在那个举世闻名、咖啡香味弥漫的交叉路口，也就是斯大林、托洛茨基、铁托、希特勒、荣格和弗洛伊德都曾驻足过的地方，他们曾品尝同样的咖啡，思考如何拯救（或者结束）世界。我走过莫扎特曾走过的鹅卵石道路，在我所见过的最美石桥上横穿美丽的多瑙河，驻足于圣史蒂芬教堂高耸的尖塔前，这里也是贝多芬发现自己耳聋的地方，他抬头仰望，看见鸟儿叽叽喳喳地从钟楼飞过，而可怕的是……他根本没有听见钟声。

最后一站是伦敦。我迅速地游览了白金汉宫、演讲角（Speaker's Corner）、哈罗德百货公司，甚至给自己宽限了一点时间参观下议院。闭上眼睛，想象着伟大的丘吉尔在发表演讲："你们问：我们的目的是什么？我可以用一个词来答复：胜利——不惜一切代价去赢得胜利，无论多么恐怖也要赢得胜利……因为没有胜利就无法生存。"我迫切地渴望跳上巴士前往斯特拉特福德（Stratford），参观莎士比亚的故居，但我已没有多余的时间。

最后一晚，我不停地回顾整个旅程，在自己的日志中记录要点，扪心自问，哪些才是最难忘的？

希腊，我想。毫无疑问，是希腊。

Nike，雅典娜女神，胜利的使者

在我刚离开俄勒冈的时候，最让我兴奋的行程安排有两个。
我想对日本人宣传我的疯狂想法。
我还想在雅典卫城前停下脚步，尽情欣赏。

在我登上伦敦希思罗机场的航班前，我在沉思那个时刻：仰望那些壮观的石柱，体会刺激的文化冲击，那种你从所有绝妙之处中得到，但却与强烈的认知感混合的体验。

难道那只是我的想象吗？毕竟，我曾站在西方文明的发源地。可能我只是想让它更加熟悉罢了，不过我却不这么认为。我清楚地想到：我曾来过这里。

然后，走上那些历经岁月洗礼已经斑驳的台阶，我又想到：这里就是一切开始的地方。

左边就是帕特农神庙，柏拉图看着它被一批建筑师和工匠建造起来。右边就是雅典娜胜利神庙（Temple of Athena Nike）。据旅游指南所写，25个世纪前，这里住着一位美丽的女神雅典娜，人们认为她带来"nike"，也就是胜利。

胜利不过是雅典娜获得的多个祝愿能力之一，她也同样奖励交易者。在《奥瑞斯提亚》（Oresteia）中，雅典娜表示："我推崇……劝服的力量。"她在一定程度上也是谈判者的守护神。

我不知道自己到底在那里站了多久以吸收这处划时代遗址的能量和力量。一小时？三小时？我也不清楚在那天之后自己花了多久才发现在胜利神庙上演的阿里斯托芬的剧作,在这部作品里,战士赠与国王一件礼物——一双新鞋。我不记得自己是在什么时候才了解到这部剧作的名字就是《骑士》(Knights)。我唯一清楚的是,在我转身离开时,注意到的是神庙大理石筑成的正面。希腊的艺术家用夺人眼球的雕刻作品做装饰,包括最著名的女神难以理解地俯身调整鞋带。

二十五岁的归来

1963年2月24日,我的25岁生日。当时的我头发及肩,胡须差不多8厘米长,在走进家门时,我的母亲不可抑制地哭了出来。我的妹妹们不停地眨眼,好像没有认出我似的,或者也可能根本没有意识到我外出旅行了。大家相互拥抱,放声大笑。妈妈在我坐下后给我倒了杯咖啡,想要听我说说路上发生的一切,但旅途使我筋疲力尽。我在客厅放下行李和背包,径直回了房间,模糊地盯着墙上的蓝丝带。奈特先生,你的公司名称是什么?

我蜷缩在床上,睡意缓缓降临。

一小时后,晚餐的呼唤让我清醒过来。

父亲已结束一天的工作回家,在我进入餐厅时抱了我一下。他也和母亲一样想听我诉说每个细节,而我也想对他畅所欲言。

但首先,我想知道的只有一件事。

"爸爸,"我说,"我的鞋子到了吗?"

1963 漫长的等待

那些人生当中最好的时光已经离我远去了吗？我的全球之旅是……人生的巅峰吗？玉佛寺的雕像会给我一些启示，而鸽子完全没有任何回应。

父亲邀请了所有左邻右舍来一起喝咖啡，聊聊"巴克的特殊之旅"。为了完成这项任务，我尽职地站在幻灯片投影仪旁，在黑暗中不停地点击着"前进"按钮，描述着金字塔、胜利神庙，但我的心思根本不在这里。我的神思早已飞到金字塔、胜利神庙，我在想着我的鞋子。

与鬼冢公司的会面已过去 4 个月，在我与那些高管联络、赢得他们的支持后（或者可能只是我一厢情愿的想法），鞋子仍然没有到。我寄过去一封信：

尊敬的先生：

还记得我们去年秋天的会议吗，你们是否将样品寄出了……

之后的几天就是睡觉，洗衣服，和朋友玩。

不久，我就收到鬼冢公司的回复。"这几天就会到。"信中写道。

我把信给爸爸看，他不自然地说道："还要几天？""巴克，"他笑着道，"那 50 块已经打水漂了。"

我的新造型——难民一样的头发、山顶洞人一样的胡子——让妈妈和妹妹们完全无法接受。我注意到她们在皱眉盯着我，甚至可以听见她们的想法：流浪汉。所以我剪短头发，剃掉胡子，站在镜子前告诉自己："你真的回来了。"

然而，事实并非如此。可能我的某些东西永远都无法回来了。

母亲是最先注意到的。在某天晚上的晚餐时，她长时间地、探索般地盯着我："你似乎……更世俗了。"

世俗，天哪。

我不想回到原点

在鞋子到达前，不管鞋子会不会到，我都需要想办法挣点钱。在我开始旅程前，曾经面试过添惠公司，也许我可以回到那里。我在父亲看电视时跟他说了自己的想法。他躺在躺椅上建议我最好还是跟他的老朋友——太平洋能源与电力公司（Pacific Power & Light）首席执行官唐·弗里斯比（Don Frisbee）聊一聊。

我认识弗里斯比，我大学时曾有一个暑假在他那里实习。我喜欢他不仅因为他这个人，还因为他毕业于哈佛商学院。当然，我也为他迅速升职成为一家纽约证交所上市公司的首席执行官而惊叹。

我记得，1963年那个春日里，他相当热情地招待了我，他双手握住我的手，然后领着我去往他的办公室，让我坐在他桌子对面的椅子上。他坐在高背皮质大椅子上，挑着眉毛问我："那么……你现在是怎么想的呢？"

"坦白说，弗里斯比先生，我不清楚该做些什么……是工作……还是事业……"

然后，我又底气不足地补充道："还有我的生活。"

我表示自己在考虑要不要去添惠公司，或者也许可以回到电力公司。弗里斯比先生办公室窗户的光线反射在他的无框眼镜上，射入我的眼中，就像是恒河水上闪耀的阳光。"菲尔，"他说，"那些主意都不太好。"

"为什么？"

"我觉得你不应该做那些事。"

"噢。"

"每个人，几乎每个人，至少会换三次工作。所以如果你现在就职于一家投资公司，你最后还是会离开的，而你的下一份工作可能就需要从头开始。如果你在某家大公司工作，孩子，情况也是一样的，所以这样行不通。在你还年轻的时候，应该做的就是拿到注册会计师证书，这张证书加上你已有的工商管理硕士学位意味着你会有稳定的工作和收入。然后，在你换工作的时候——你肯定会换的，相信我——至少你的薪资水平只高不低。你不会倒退回原点的。"

这话听起来的确实在，我显然不想倒退回原点。

不过，我的专业不是会计学，我需要修满 9 小时的相关课时才能获得参加考试的资格。所以不久之后，我就在波特兰州立大学报名参加了三门会计课程。"还要读书？"父亲嘟囔道。

更糟糕的是，学校不是斯坦福，也不是俄勒冈大学，而是小小的波特兰州立大学。

那些人生当中最好的时光已经离我远去了吗

在修完 9 小时课时后，我在莱布兰德·罗斯兄弟和蒙哥马利会计师事务所（Lybrand, Ross Bros. & Montgomery）谋得一个职位，虽然这是全国八大会计师事务所之一，但在波特兰的分支办事处却相当小，只有一个合伙人和三个初级会计师。我心想，这挺适合我的，小意味着大家会比较亲密，有助于学习。

最初，事实也的确如此。我被分配到的第一个任务就是一家位于比弗顿（Beaverton）的公司里色尔的美食（Reser's Fine Food），因为我是唯一负责这个项目的，所以就要花大量的时间与这家公司的首席执行官阿尔·里色尔（Al Reser）交流，他不过年长我三岁。我从他身上学到不少经验，也喜欢细细品读他的作品，但因为工作太多，没法全身心地投入欣赏。作为一家大型会计师事务所的小分支，面临的问题就是工作量。一旦出现额外待解决的工作，根本没有足够的人手来挑起重担。在工作繁忙的季节（也就是 11 月到翌年 4 月），我每天都忙得晕头转向，每天工作 12 小时，一周工作六天，根本没有太多时间来学习。

当然，我们也会受到监督，而且是严密的监督。我们工作的每分每秒都会计数。在肯尼迪总统不幸遇刺的 11 月 22 日，我想请一天假，坐在电视机前与全国民众共同为他哀悼。然而，我的老板却摇头拒绝。工作第一，哀悼第二。想想花园里的百合……不劳作但也没有任何作用。

不过好在还有两方面的慰藉。一是薪水，每个月有 500 美元。另一个慰藉就是午餐。每天中午，我都会沿着街道下行走到一家本地的旅行社，然后就像是沃尔特·米蒂（Walter Mitty，电影《白日梦冒险王》的角色）一样站在窗户的海报前。瑞士、大溪地、莫斯科、巴厘岛，一边浏览着宣传册的内容，一边在公园的长椅上吃着加了花生黄油和果酱的三明治。我会对着鸽子自言自语：你们能想象一年前我还在威基基海滩冲浪，清晨在喜马拉雅徒步之后吃着炖野牛肉吗？

那些人生当中最好的时光已经离我远去了吗？我的环球之旅是……人生的巅峰吗？

玉佛寺的雕像会给我一些启示，而鸽子完全没有任何回应。

这就是我 25 岁的第一个月。与鸽子对话，清洗自己的爱车，

偶尔写信联络朋友。

亲爱的卡特：

你有没有离开心中的香格里拉？我现在做了会计，脑子都要被塞爆了。

1964 第一位合伙人,第一位员工

> 我发现这不是销售,而是我对跑步的信仰。我坚信如果人们每天外出跑上几公里,世界就会变得更美好,我也坚信这些鞋更适合跑步。人们在感受到我的信念后,也会想要为自己打造这种信念。

就在圣诞节前后,我收到了包裹已到的通知,所以我必须在1964年的第一周前往码头的仓库。我没法准确地回忆出细节信息,但我知道那是一个清晨,我在仓库员工开门前就已经到达那里。

我把通知单交出之后,他们走进仓库搬出一个写有日文的大箱子。

我火速回家，疾跑着进入地下室，急不可待地打开箱子，里面是 12 双鞋——奶油白，两侧下部是蓝色条纹。上帝，这些鞋太好看了，可以说不仅仅是好看，哪怕在佛罗伦萨或巴黎这类时尚之都都没有比这更好的了。我恨不得把它们放在大理石底座上，或是金边镶嵌的方框里。我在灯光下举着鞋，轻抚着它们，就像是对待圣物一般，就像是作者对待新的笔记本或是棒球运动员对待新的球棒一样。

然后，我就给自己以前在俄勒冈大学的田径教练比尔·鲍尔曼（Bill Bowerman）送了两双过去。

我完全是不假思索就这么做了，因为正是鲍尔曼促使我第一次思考，真正思考人们穿在脚上的东西。鲍尔曼是一个天才教练，具备鼓舞人心的力量，天生具有号召年轻人的魅力，而且他认为有一件装备对于青年运动员的发展是相当重要的，那就是鞋。他非常关注人们是如何穿鞋的。

轻便，永远的目标

我在俄勒冈大学接受了他 4 年的训练，鲍尔曼会经常溜进更衣室"窃取"我们的鞋子。他会花上几天时间把鞋子拆开，然后又缝合回去，再还给我们，其中会有一点小的改动，不是让我们没法保持标准姿势就是会让双脚出血。不管结果如何，他从不放弃尝试，决心要找出新的方式支撑脚背，让鞋底材料缓冲作用更强，为前脚趾预留更多空间。他始终会有某些新的设计和方案让我们的鞋子更光滑、更柔软、更轻便。特别是在轻便方面，他曾表示一双鞋哪怕减少一盎司的重量,一英里也就相当于减少了55磅负重,这可不是在开玩笑。他的计算是有理可循的。假设普通人的步伐为6英尺,平均分配到一英里(5 280英尺),也就是880步。①每一步减少一盎司,精准而言就是55磅。鲍尔曼认为,轻便直接意味着更小的负重,也就意味着节省更多的能量,速度将更快,而速度就代表着胜利。鲍尔曼不喜欢失败(我从他那里学来了这一点),因此,轻便就是他一直以来的目标。

将那说成是目标其实是一种委婉的说法。在追求轻便的过程中,他愿意进行任何尝试。动物、蔬菜、矿物,只要是可以提高当前标准的鞋类皮质,任何材料都可以,他甚至还尝试过袋鼠皮和鳕鱼皮。如果能与穿着鳕鱼皮跑鞋的全球速度最快的跑者比赛,那肯定不枉此生。

我们田径队里有四五个人都是鲍尔曼足部实验的对象,而我可以说是其中最受宠的那个。他了解我的双脚尺寸,清楚我的步伐。同样,我也可以承受大的误差幅度。长远而言我不是队里最好的,所以即便我出现任何问题,他也能够承受。而对于那些更有天赋的队员,他不敢胡乱尝试。

从大一、大二到大三,我都数不清自己穿着鲍尔曼改造的平底运动鞋或钉鞋输了多少回。而等我大四的时候,他甚至开始亲手制作我的鞋子。

所以我理所当然地认为这款新的鬼冢虎,这种花了一年多的

---

① 1英尺≈0.3米,1英里≈1 609.34米。——编者注

时间才从日本漂洋过海来到我手里的小鞋子，会激起我前教练的兴趣。当然，可能这款鞋子没有他的鳕鱼皮鞋轻便，但却有潜力：日本方面承诺会进一步改良。更棒的是，这款鞋价格适中。我清楚，这对于节俭的鲍尔曼而言是相当具有吸引力的。

甚至鞋名也可能会引起鲍尔曼的兴趣。他经常称运动员为"俄勒冈州人"，但偶尔也会称大家为"老虎"。时至今日，我眼前都能浮现出他在更衣室里踱步，在比赛前跟大家说"在运动场上就要像头老虎"的场景（如果你表现不好，他就会称你为"汉堡"）。在他抱怨赛前伙食不好的时候，就经常会说："老虎在饿的时候会猎到最好的食物。"

我觉得运气好的话，教练会给他的小老虎们订购几双鬼冢虎。但不管他订不订购，只要鲍尔曼认为这款鞋很棒就够了，这一点就足以预示着我的新公司会取得成功。

可能那时候我所做的一切都是源于内心深处的渴望——讨好鲍尔曼，给他留下深刻印象。除了父亲之外，我最期待的就是他的认可；而除了父亲之外，也只有他最常认可我。教练注重节俭是他的性格使然，他会权衡、保留赞美之词，就像对待一块未经切割的钻石，不会轻易送出。

在你赢得比赛后，如果够幸运，鲍尔曼可能会说："表现得不错。"实际上，在他的一个年轻运动员首次打破美国四分钟一英里纪录后，他说的就是这句话。而更多情况下他可能一言不发，只是会穿着花呢运动上衣和破烂的背心站在你面前，胸前的领带随风飘扬，磨旧的球帽压得低低的，对着你轻点一下头。他可能会盯着你,那双冰蓝色的眼睛不会错过任何细节,却也不会表露任何情绪。每个人都会讨论鲍尔曼出色的样貌:复古的平头、挺拔的姿态、完美的下巴线条,但吸引我注意力的却总是那双冰蓝色双眼的注视。

那双眼睛在第一天就引起我的注意。1955 年 8 月,在我踏进俄勒冈大学的那刻起,我就喜欢上鲍尔曼,但同时也害怕他。这两种内在的冲动情感从没有消失,始终存在于我们俩之间。我从没有停止对这个人的喜爱,但也从未摆脱对他的惧意。有时害怕少点,还有时喜爱会少点,有时那种害怕可能会直接传达到我的鞋上,因为他可能是徒手修补的。喜爱和害怕,这也是存在于我和父亲之间的两种情感。我有时在想,鲍尔曼和父亲——两个人都内敛、优秀、难以捉摸——名字都是比尔,是不是只是一个巧合。

然而,这两个男人内心的"恶魔"却完全不同。我的父亲是屠夫的儿子,总是在追求体面;而鲍尔曼的父亲曾任俄勒冈州州长,他本人完全不在乎体面,他也是传奇开拓者——那些完整走过俄勒冈小道(西进运动中的重要通道)的人的子孙。在开拓者停下脚步时,他们在俄勒冈州的东部发现一个小镇,称之为"化石"(Fossil)。鲍尔曼幼年在那里待过一段时间,内心也极其渴望回到那里。他总有一部分神思会回到在化石镇的时光,这点其实挺有趣的,因为他有些举止行为就相当僵化:强硬、沉闷、古板。他正直又勇敢,这些品行在当时已是相当少见,而今日几乎是完全灭绝了。

鲍尔曼也是一个战斗英雄，这点毫无疑问，他曾是第十山地师陆军少校。作为美国最著名的田径教练，鲍尔曼从不认为自己是个田径教练。他不喜欢自己被称呼为教练。考虑到他的背景，他自然会将跑道当作结束的手段。他自称为"竞争应答专家"（Professor of Competitive Responses），而他的工作就是帮助你为前方的困难和竞争（不仅限于俄勒冈州）做准备。

虽然任务崇高，或者可能正是因为任务崇高，在俄勒冈州的训练场地是相当朴素的。潮湿的木墙、几十年都没有涂漆的更衣柜，更衣柜连门都没有，只不过是把你的东西跟其他人分开的一块板而已。衣服就挂在钉子上，还是生锈的钉子。我们有时会不穿袜子跑步，但从来没有抱怨过。我们把教练当作将军，而我们要迅速、无条件地服从命令。在我看来，他就是拿着秒表的巴顿。

这些就是在他不是神之时的表现。

就像所有古代的神灵一样，鲍尔曼住在山顶上，而他的大牧场就在校区上方的山顶上。当他待在属于个人的奥林匹斯山上时，要是有人得罪了他，他的报复心也不输给古代诸神。我记得只有一次他是真正对我生气。当时我在读大二，我的时间安排得太满，这让我筋疲力尽。上午要上课，下午要训练，晚上还有作业。一天，因为感冒不适，我就到鲍尔曼的办公室表示自己那天下午没法训练。"呃，"他说，"谁是这个队的教练？"

"您。"

"好吧，作为团队的教练，我要你现在出去。顺便说一下……我们今天可能会有一个计时赛。"

我差点儿哭出来,但还是及时收住眼泪,然后在跑步时尽情发泄我的情绪,得到了全年最好的成绩之一。在我走下田径赛道时,我瞪着鲍尔曼,心想:"现在高兴了吧。"他看着我,又检查一遍计时器,再看着我点点头。他会测试我,分解我,再重塑我,就像鞋一样,而我必须承受住。自那以后我才是他心目中真正的"俄勒冈人",从那天起,我就是一头蓄势待发的老虎。

比尔·鲍尔曼,"神圣庄严"的合伙人

鲍尔曼不久就给我回信了,表示自己在下周会来波特兰,参加俄勒冈州室内比赛,邀请我去都市大酒店共进午餐,训练队就住在那里。

1964年1月25日,在跟着服务员前往预订的桌位时我特别紧张,我还记得鲍尔曼点的是汉堡,而我就低声地说了一句:"我也一样。"

短短几分钟的寒暄之后,我跟鲍尔曼聊了自己的全球之旅,神户、约旦、胜利神庙等。鲍尔曼对我在意大利的经历特别感兴趣,即便在那里曾与死神擦肩而过,他也同样开心地记得一切。

最后,他直接表示:"那些日本鞋子相当不错,让我也入伙这门生意怎么样?"

我看着他。入伙?生意?我花了一点时间才真正吸收、理解他所说的意思,不仅仅是想要为队员买十几双鬼冢虎,而是想要成为……我的合伙人?如果神以迅雷不及掩耳之势表示要与我

合作，我肯定是会惊讶到极致的。我结结巴巴地回答道："当然可以。"

我伸出手。

但随后又收回，问道："您打算建立的合伙关系是什么样的？"

我当时竟然有胆量跟神谈判，简直不敢相信自己的勇气。

鲍尔曼也不可置信地愣了一下，面露一丝茫然地表示："各持一半股份。"

"好，但您必须出一半的钱。"

"没问题。"

"我觉得第一单可能要1 000块，一半也就是500块。"

"我没意见。"

在结账离开的时候，我们也同样各付一半所需支付的钱。

我清楚地记得那次会面，在第二天，也可能是在之后的几天或几周，我也还是这么记得，但所有文件显示的内容都与我的记忆相悖。信件、日记、预约函，一切都明确显示那次会面时间要更晚。不过，我记得我所记得的，我这么记得肯定也是有理由的。在我们那天离开餐馆时，鲍尔曼戴上自己的球帽，调整自己的蝶形领结，说："我需要你跟我的律师约翰·贾卡（John Jaqua）见一面，他会帮我们把合作落实到白纸黑字。"

无论是怎样，几天后还是几周后，抑或是几年后，反正会面就是这样结束的。

我走进鲍尔曼的石墙城堡，一如既往地惊叹于整个环境。地处偏远，所以周围没有太多居民，沿着科堡路（Coburg Road）

到麦肯齐大道（Mackenzie Drive）一直走，你会找到沿着山脉蜿蜒曲折深入丛林的泥泞小道。最终映入眼帘的是馥郁芳香的玫瑰、郁郁葱葱的树木、装饰精美的小屋，房子虽小却异常坚固。当然，还有一张面无表情的脸。这个屋子是鲍尔曼亲自建造的。我在花园里停车的时候就在想，他到底是怎么才能完成所有累人的工作。"移大山始于运小石。"

房屋周围是宽敞的木制门廊和几把轻便折椅，那同样也是他自己做的。门前就可以欣赏麦肯齐河的美景，哪怕有人告诉我这条河是鲍尔曼自己挖的，我可能也会相信。

鲍尔曼站在门廊上，瞥了我一眼之后径直走向我的车。我不记得当时所聊的内容，只记得自己砰地关上门后，开车去了律师的房子。

贾卡不仅是鲍尔曼的律师兼好友，也是他的邻居。开车到那里之后，我都无法想象这会对我有多好。显然我和鲍尔曼相处得挺愉快，我们自己原先达成交易，但律师却会把一切都给打乱。律师总是善于弄乱一切，而好友律师……鲍尔曼的一举一动也根本无法让我放松。

一片沉默静谧之中，我不停地望着马路，仔细分析鲍尔曼古怪的个性，他所做的一切几乎都能体现这一点。他总是与众不同，一刻不停。比方说，他是美国第一个强调休息、同等重视恢复与训练的大学教练。但他操练你时，相信我，绝对是实实在在的操练。鲍尔曼的跑步策略相当简单：前两圈快速跑完，第三圈尽力跑，第四圈就提速到原先的三倍。这个策略与禅学类似，它不可能实现，不过却相当有效。能够在四分钟内完成一英里的运动员中，鲍尔曼训练出来的是最多的。不过，我却不是其中一员。时至今日，我还是在想，自己在那关键的最后一圈里是不是会再次功亏一篑。

我们找到贾卡时他正站在自己的门廊上，我之前应该在田径场上见过他一两次，但从没有好好打量过他。虽然戴着眼镜，人到中年，但他却与我想象中的律师不太一样。他太过强壮、完美。我后来才了解到他在高中的时候还是明星后卫，而且也是波莫纳学院（Pomona College）最好的百米运动员。而现在，他也同样没有遗失那出色的运动力量，从握手中就可以清楚地感受到。

那天的天气和俄勒冈州1月的天气没有任何不同。雨淅淅沥沥地下个不停，潮湿的寒气渗透到所有事物之中。我们就在贾卡的火炉边坐下，这个火炉可能是我见过最大的，连烤麋鹿都够了，里面消防栓大小的木桩释放着闪耀的火光。贾卡的妻子举着托盘从一扇侧门出来，带来了美味的热巧克力，她问道："您喜欢生奶油，还是棉花糖呢？""都不用，谢谢，夫人。"我的声音可能比平时要高出两个音阶，她转过头同情地看着我，仿佛在说："孩子，他们会活剥了你的。"

贾卡抿了一口热巧克力，擦掉唇上的奶油，开始说起俄勒冈的小道和关于鲍尔曼的一些事情。他当时穿的是脏兮兮的牛仔裤和皱巴巴的法兰绒衬衫，我总是在不停地想，他看起来太不像个律师了。

贾卡表示他从没有见过鲍尔曼如此热切地推崇某个想法,这句话听起来相当顺耳。"不过,"他补充道,"五五对分可能对一个教练没什么吸引力。他不想负责具体事务,也不想跟你发生争执,所以教练与你 51 比 49 怎么样?你掌握运营控制权?"

他的整体表现就是一个想要帮忙的人,想要实现双赢,所以我相信了他。

"我没问题,就……这些?"

他点头。"成交?"他问。"成交。"我说。我们握手签字,现在我和万能的鲍尔曼正式建立合法、具有约束力的合伙关系了。贾卡夫人问我需不需要再加点热巧克力。"好的,夫人。能不能再给我加点棉花糖?"

母亲,我的第一个顾客

同一天,我致信鬼冢公司,询问我是否可以成为鬼冢虎在美国西部的独家经销商,并且要求对方尽快发送 300 双鞋给我。如果按每双 3.33 美元计算,大概一共 1 000 美元。即便有鲍尔曼的入伙,我手头也绝没有那么多钱,所以我不得不再次寻求父亲的帮助。不过这次他却犹豫了,他不在意帮我起步,但却不希望我不停地回来找他帮忙。而且,他根本不看好我所做的事情。"我送你去念俄勒冈大学、斯坦福大学,不是为了让你变成一个挨家挨户卖鞋的人。"他说。

我看着母亲,和往常一样,她一言不发,只是淡淡地笑着,

笑容极美。毫无疑问，我的害羞遗传于她，而我也经常希望自己可以遗传她的美貌。

父亲第一次见到母亲的时候还以为她是个人体模特，当时他路过罗斯堡唯一的百货商店，而母亲恰好是站在窗内穿着晚礼服的模特。在发现她是个活生生的人后，他就径直回家求姐姐打听窗户里那个美丽女孩的名字，他的姐姐也的确做到了。"那是洛塔·哈特菲尔德（Loat Hatfield）。"她说。

8个月后，父亲向母亲求婚，并如愿娶到了她。

那时，父亲正在努力奋斗，希望成为知名律师，从而摆脱童年时代可怕的贫穷生活。那时，他28岁，而母亲只有21岁，她家里的条件比父亲家还差（她的父亲是一名铁路售票员），贫穷是他们为数不多的共同点。

他们在不少方面都是典型的互补相吸的范例。我的母亲身材高瘦，喜欢户外活动，总是在寻找可以重拾内心平静的地方。我的父亲个子不高，戴着厚厚的无框眼镜来矫正高度近视，他日复一日地进行着"斗争"，希望通过优异学业和努力工作，克服过去的弱点，获得崇高地位。哪怕是在法学院里排名第二，他也从未停止抱怨某科成绩不好。

当他们截然不同的个性引发冲突的时候，父母总是会回归两人最深的共识——坚信家庭是第一位的。如果这种共识还是无法解决问题，那可能日子就会相当难过。不过母亲的样子可能具有欺骗性。

可能正是因为我承受过她的偶尔爆发，才让我真正了解了母亲的性格。她经常在我的床柱上拴根绳子，因为一旦着火，我可以用它从二楼窗户逃生。虽然她只是为了我的安全着想，但对此邻居会怎么想，我又会怎么想？答案也许是生活太过危险，或我们必须时刻做好准备。

当然，我还知道一点：母亲爱我。

在我 12 岁的时候，莱斯·斯蒂尔斯（Les Steers）全家搬到对街，就在我最好的朋友杰基·埃默里（Jackie Emory）家的旁边。斯蒂尔斯先生在杰基家的后院里建了一个跳高场地，所以杰基和我就经常比赛，两人最好的成绩都是 1.37 米。"说不定有一天你们会打破世界纪录呢。"斯蒂尔斯先生说。我后来才知道当时的世界纪录是 2.03 米，创造者就是斯蒂尔斯先生。

结果母亲不知从哪里冒了出来，当时她穿的是在花园里工作的裤子和夏天那种宽松的女士上衣。噢，我心想，这回麻烦大了。她看看远方的景色，再看看我和杰基，之后又看了一眼斯蒂尔斯先生。"把跳杆放上去。"她说。

她把鞋子脱了，脚尖踏在起跑线上，突然往前冲去，轻轻松松跳过 1.5 米。

我不知道自己是不是从此更爱她了，但在那一刻，我觉得她太酷了。不久之后，我才知道她以前也悄悄地喜欢着田径运动。

那是在我高中二年级的时候，我的脚底长了一个肉瘤，非常疼。足科医生建议最好动手术，换言之，我将至少一个季度都没法跑步。母亲只回了一句："这不可能。"然后就下楼去药房买了一小瓶肉瘤去除膏，每天敷在我的脚上，每隔两周拿雕刻刀削掉一层肉瘤，直到我完全康复。那个春季应该是我人生中最美好的时光。

所以在父亲提醒我要干正事的时候，母亲的下一步行动其实没有太出乎我的意料。她信手打开钱包拿出 7 美元。"我想买一双 Limber Up，谢谢。"她说，声音大得足够父亲听见。

她会穿着一双 6 码的日本跑鞋站在火炉或厨房水池边做饭或洗碗，这个场景始终驱动着我不断前进。

"您可以成为鬼冢公司在美国西部的经销商。"

在那之后，父亲很快就借了我 1 000 美元。这次，鞋子到货速度相当快。

1964 年 4 月，我租了一辆卡车，南下驶向仓库，海关人员交给我 10 个大纸板箱。同样，我还是急忙赶回家，把箱子搬进地下室，一股脑儿全打开。每个箱子里都有 30 双鬼冢虎，每双都用玻璃纸包装（鞋盒成本太高）。短短几分钟，地下室就堆满了鞋子。我静静地欣赏、研究、把玩，轻轻地抚摸着鞋面，然后在火炉周围和乒乓球桌下将它们整齐地码放好，尽可能远离洗衣机和干衣机，这样母亲的洗衣工作就不会受到任何影响。最后我自己试了一双，在地下室里绕圈跑，兴奋得跳个不停。

几天之后，我收到宫崎先生的回信，信中写道："当然，您可以作为鬼冢公司在美国西部的经销商。"

万事俱备，我在父亲的担忧和母亲的喜悦中辞去自己在会计师事务所的工作，那个春天我什么都没干，只是开着自己的爱车卖鞋。

我的销售策略相当简单，而我也觉得那是明智之举。在被几个体育用品商店拒绝后（"孩子，这个世界不需要另一款田径鞋！"），我就开车前往太平洋西北地区，那里会举行各种田径比赛。在比赛间隙，我会跟教练、运动员和粉丝聊天，然后给他们展示我的鞋子。反响出奇地好，我差点儿都来不及写订单了。

在驱车返回波特兰的路上，我都在思考自己的销售大获成功的原因。我认为我之所以没法销售百科全书，是因为自己打从心眼儿里瞧不起它。销售共同基金时的表现也只是稍有改进，因为我没有投入热情。那为什么卖鞋会如此不同呢？那是因为我发现这不是在销售，而是我对跑步的信赖。我坚信如果人们每天外出跑上几公里，世界就会变得更美好，我也坚信这些鞋更适合跑步。人们在感受到我的信念后，也会想要为自己打造这种信念。

传播信念，我决定。信念才是不可抗拒的。

有时人们太想买鞋，就会写信或打电话给我，表示自己听说过这款新的鬼冢虎，很想买一双，能不能给他们寄一双过去，货到付款。我甚至都没有尝试，邮购业务就应运而生了。

有时人们会直接来父母家找我。每隔几晚,门铃总会响起,父亲就会嘟哝着从躺椅上起来,调小电视音量,然后去开门看到底是谁。站在门廊上的可能是个身材瘦削但双腿肌肉却出奇发达的孩子,他眼睛到处瞟,透出一股急切的感觉,就像是吸毒者。"巴克在吗?"孩子会问。我的父亲会穿过厨房走到我的房间找我。我会出来邀请孩子进屋,坐在沙发上给他展示我的鞋子,然后在他前面跪下测量他脚的大小。父亲会双手插在口袋里,怀疑地望着整个交易。

多数找上门的人都是听别人口口宣传,经朋友的朋友推荐而来的。但是,也有些人是在我首次散发广告宣传后找来的,我的广告就是在本地一家打印店设计和制作的宣传单。在宣传单最上方,用大号字体印着"特大好消息!日本挑战欧洲田径鞋统治市场",下方进一步解释:"日本劳动力低廉,一家新公司因此以6.95美元的超低价格出售此鞋。"宣传单底部就是我的地址和电话。我在整个波特兰的大街小巷都贴上了自己的宣传单。

1964年7月4日,我的第一批货物一售而空。随后,我致信鬼冢公司,再次追加订购900双,这大概需要3 000美金。这不仅将"扫荡"掉父亲为数不多的现金存款,也终于耗尽了父亲的耐心。"爸爸银行已经关门大吉。"他说。不过,他还是勉强同意给我一封担保函,让我去俄勒冈第一国民银行(First National Bank of Oregon)想办法。多亏了父亲的名声,也正是因为父亲的名声,银行才批准贷款。父亲那被吹嘘出来的体面最终得到一点红利,至少于我而言是如此。

几个月以来第一次听见"不"

一个"神圣庄严"的合作伙伴、合法的银行贷款和自推自销的产品,这就是我事业的起点。

实际上,因为鞋子太畅销,所以我决定要在加利福尼亚州聘用一两个销售员。

问题来了,我怎么去加利福尼亚呢?机票显然太贵了,我无法承受,但我又没有时间开车过去。所以每隔一周,我会在周末用露营背包装满鬼冢虎,穿上最新的军装前往当地的空军基地。见我穿着军装,宪兵就会让我坐上下一趟去旧金山或洛杉矶的军用运输机。我抵达洛杉矶后,就借宿于在斯坦福认识的朋友查克·凯尔(Chuck Cale)那里,以便节省一些开支。他是我的好朋友,我在创业课上演示自己的跑鞋论文时,凯尔还去听课,表示精神上的支持。

在某个周末,我还在洛杉矶的西方学院(Occidental College)参加过一场比赛。与往常一样,我站在内场草坪上,让我的鞋子大展拳脚。突然,一个人闲逛过来,向我伸出手。他有明亮的眼睛、英俊的面庞,实际上是非常英俊,只不过表情相当难过。即便他表情假装平静,但我却可以从他眼里读出难过,几乎可以算得上是悲痛。同样地,他也给我隐约的熟悉感。"菲尔。"他说。"你是?""杰夫·约翰逊(Jeff Johnson)。"

原来如此!约翰逊,我是在斯坦福认识他的。他是个跑步运动员,成绩相当不错,我们曾多次在全员比赛中竞争。有时他会与我和凯尔一起出去跑步，然后再喝一杯。"嘿，是你呀，杰夫，"我说，"你最近在干什么呢？""读研，修人类学。"他计划成为一名社会工作者。"不是开玩笑吧。"我眉毛高高挑起惊讶地说。约翰逊似乎不是那种适合社会工作的人，我都不敢想象他劝导瘾君子和安置孤儿的场景。他同样看起来也不像是适合做人类学家的人，我也无法想象他跟新几内亚的食人族交流或拿着刷子清理阿纳萨齐（Anasazi）遗址，或是在羊粪中筛出陶片的情景。

他表示这些不过是他的日常苦差而已，周末他会看心情卖卖鞋子。"不是吧！"我说。"阿迪达斯。""去他妈的阿迪达斯，你应该为我工作，帮我卖这些新的日本跑鞋。"

我递给他一双鬼冢虎平底运动鞋，跟他说了自己的日本之行及与鬼冢公司的会面。他折弯鞋子检查鞋底，"相当不错啊！"他说。虽然有兴趣，但他却没有接受我的邀请。"我就要结婚了，"他说，"不太确定现在是不是可以尝试新的冒险。"

我根本没有把他的拒绝放在心上。这也是我几个月以来第一次听见"不"这个词。

一封让我措手不及的信

我当时的生活可谓一帆风顺。生活相当富足，甚至还交了一个所谓的女朋友，不过就是没有太多时间陪她。我当时心情不错，可能是有史以来最高兴的时候，不过得意忘形也会诱发危机，会让你的感官失灵，所以那封可怕的信才打得我措手不及。

那封信的作者是美国东部某个偏僻小镇的高中摔跤教练,小镇位于长岛,叫谷溪、马萨佩卡或曼哈塞特。我读了两遍才理解信的内容,这位教练声称自己刚从日本回来,在那里也跟鬼冢的高层领导见过面,他被指定为鬼冢虎的美国独家经销商。因为听说我在销售鬼冢虎,这是侵权行为,他命令我——命令我停止一切行为!

对此,我的心怦怦直跳,忐忑地打电话找到表哥道格·豪泽(Doug Houser),他毕业于斯坦福法学院,当时在小镇一家知名的律师事务所工作。我要他调查这个"曼哈塞特先生",查出他的真实身份,然后给这个人带个信。"到底要说什么?"豪泽表哥问道。"任何试图干涉蓝带体育公司的行为都将面临法律上的回击。"我说。

我的"业务"都开展两个月了,如今却卷入法律纠纷之中?要是真的有问题,我还能高兴得起来吗?

之后我就坐下,迅速给鬼冢公司写了一封愤怒至极的信。

尊敬的各位先生:

我在今天早上收到纽约曼哈塞特的某个人写来的信,这让我极其难过,他竟然声称……

随后便是等待回复。

继续等待。

再次写信提出质疑。

什么都没有。

杳无音信。

豪泽表哥发现那个"曼哈塞特先生"还是某个名人。在成为高中摔跤教练前,他是个模特——成功的万宝路牛仔广告中的初始模特之一。那些模特会表现出所有牛仔的样子,戴着帽子、骑着马走在草地上。太棒了,这正是我所需要的。接下来的事情不过是跟某个虚伪的美国牛仔展开正面对决而已。

我当时陷入深深的恐惧之中,脾气变得暴躁,公司经营得一塌糊涂,女朋友也离我而去。每晚我都跟家人一起用餐,心不在焉地拨弄着盘子里的炖肉和蔬菜。我会跟父亲坐在角落里,闷闷不乐地盯着电视。"巴克,你看上去就像被人拿棍子敲了后脑勺一样,赶紧摆脱这种状态吧。"父亲说。

然而,我深陷其中,无法自拔。我不断地回想着当时与鬼冢公司的会面。那些管理人员如此礼待我,我们双方还鞠躬表示敬意。我大部分时间里都是直截了当、诚实诚恳的。当然,"确切来说"我当时并没有一家名为"蓝带"的"公司",但那不过是小事而已。我现在已经有自己的公司,正是我的公司单枪匹马地把鬼冢虎引入美国西海岸地区,而且如果鬼冢公司给我一个机会,我可能会以 10 倍的速度更快地销售鬼冢虎。而如今,这家公司却想要把我踢开?就因为那个东海岸的牛仔?

直到夏季结束,我都没有收到鬼冢公司的任何回复,我差点儿都要放弃销售跑鞋这个想法了。不过在劳工节①那天,我却改变了心意。我不能放弃,至少现在不能放弃,不放弃意味着我就得再去一趟日本,我需要跟鬼冢公司最后摊牌。

---

① 每年 9 月的第一个星期一是美国劳工节。——编者注

我跟父亲说了自己的想法，他仍然不太喜欢我成天围着鞋子转，但他真正不喜欢的是某个人耍他的儿子。他皱着眉头说："你可能是应该去一趟。"

我又跟母亲说了整件事。"没有什么可能，你必须去。"她说。事实上，那天是她开车送我去的机场。

即便是 50 年后，我也仍然可以回想起当时在车里的我们，回想起每一个细节。那是晴朗、明媚的一天，空气干燥，温度低到 26 摄氏度。我们俩静静地坐在车内，望着阳光洒在挡风玻璃上，一言不发。车里的静谧就像是以往她送我参赛的那些时光。我过于紧张，根本无心说话，而她比任何人都要理解我。她尊重我，在关键时刻从不越界。

然后，在我们快到机场的时候，她打破沉默："做你自己就好。"

我望着窗外。做自己，真的吗？那是我最好的选择吗？忘记自己才能真正看清自己。

我低下头，自己的装束显然都不是我以往的风格，我穿着一件新的西服，是得体的煤灰色，手里拎着一个小行李箱。在侧边口袋里放着一本新书《如何与日本人做生意》（How to Do Business with the Japanese），鬼才知道我是如何或是从哪儿听说的这本书。而如今我还会记得最后一个好笑的细节：我还戴了一顶黑色圆顶礼帽。我完全是为了此次旅行才买的这顶帽子，想着也许我戴上它会看着老成一点。实际上，我戴着它看起来就跟个疯子似的。那是一种刻板、显眼的疯狂，就像是从超现实主义画家马格利特（Magritte）画作中的维多利亚疯人院里逃出来的一样。

代理权之争

整个飞行过程中，我都在记忆《如何与日本人做生意》这本书所教的内容。眼睛疲劳时，我会合上书本盯着窗外。我试着与自己交流，给自己打气，告诉自己需要放开受伤的情绪，放开所有不公平的想法，否则只会让自己变得情绪化，无法冷静清晰地思考。情绪可能会产生"致命"的影响，我需要保持冷静。

我回想起自己在俄勒冈跑步的时光，我会与那些更好、更快、体格更具优势的人竞争、比赛，其中不少人未来都可能会有机会参加奥运会。然而，我却训练自己忘掉这个令人不快的事实。人们会反射性地假设比赛总是好事，会让最优秀的人脱颖而出，但实际这只适合那些可以忘记比赛本身的人。我从田径场上学习到的比赛的艺术就是遗忘的艺术，而如今我要提醒自己记住这个事实。你必须忘记自己的限制因素，你必须忘记自己的疑惑、痛苦和过去。你必须忘记内心"停下脚步吧"这样的嘶吼与乞求，而如果不可能忘记，那你就必须与之沟通交涉。我仔细考虑之前所有的比赛，脑海里想着一件事，身体却想着另一件事，面对那些跑道，我必须告诉自己的身体："对，你表现得相当不错，但还是要继续前进……"

虽然我与心中的那个声音不断沟通交流，但这个技巧不是与生俱来的，如今我害怕自己可能因为太久不练习而有所生疏。随着飞机缓缓降落在东京羽田机场,我告诉自己,你需要快速重拾以前的那些技巧,不然就会输。

我根本无法想象输的后果。

1964年的奥运会即将在日本举行,所以我在神户找到一家崭新的、价格合适的酒店。酒店名字叫新港(Newport),顶部有家旋转餐厅,就和西雅图太空针塔(Space Needle)的顶部一样,哪怕是想一下都会让我紧张起来。在打开行李前,我打电话联系了鬼冢公司并留下一条消息,告诉他们我到日本了,要求双方见一面。然后,我就坐在床沿盯着电话。

最后,电话总算响了。一个声音听起来呆板的秘书通知我,我在鬼冢公司的联络人宫崎先生已经不在公司任职了。一个不好的迹象。他的接任者森本先生不希望我去公司的总部。一个非常不好的迹象。不过,她又说,明天早上森本先生会在我所在酒店的旋转餐厅里跟我喝杯茶,见一面。

我那天早早上床,半睡半醒间,梦见追车、监狱、决斗,我在大型比赛、约会或考试前总是会做同样的噩梦。大概清晨我就起床了,吃完早餐(热腾腾的米饭上面摊放着一个生鸡蛋,还有一点烤鱼,我就着热茶才咽下去)之后就开始回忆、背诵《如何与日本人做生意》里的内容,同时刮干净自己苍白的下巴。我不小心割到自己一两次,手忙脚乱地给自己止血,我肯定是状态不太好。最后,我穿上西装,摇摇晃晃地走上电梯。在我按下顶楼按钮时,我注意到自己的手就跟骨头一样苍白。

森本先生如约准时到达，他年纪跟我差不多，但却更成熟，也更加自信。他穿着皱巴巴的运动衫，脸上也同样皱皱的。我们坐在窗边。几乎刚坐下，在服务员还没有过来点餐前，我就开始滔滔不绝地说着所有我之前发誓不会说的事情。我跟森本先生诉说自己被这个侵占自己领域的东海岸牛仔弄得心情多么不愉快，说自己与去年见过的公司高管的私人关系都还不错，说自己记得宫崎先生曾在信中表示西部 13 个州都是由我独家代理，我失控地解释着这一切。我想要激起森本先生的正义感和荣誉感。他看起来不太适应我的说话方式，所以我深吸一口气停了下来。我把问题从私人角度上升到职业角度，我提到自己不错的销量，提到那个名声已经远扬到大西洋彼岸的传奇教练，也就是我合伙人的名字。我再三强调如果有机会，未来我会为鬼冢公司做的一切。

　　森本抿了一口茶，在我显然已经和盘托出后，他放下茶杯望着窗外。我们慢慢地在神户的上空旋转着，他说："我会给你答复的。"

　　又是一个辗转反侧的夜晚。我好几次起床走到窗边，望着神户暗紫色的港湾里停着的船只。美丽的地方，糟糕的是，所有美丽都不属于我。在你要输的时候，世界将不剩任何美丽，而我在这个关键时刻就要输了。

　　我清楚，明天早上森本会不夹带任何私人感情，完全是公事公办地向我道歉，但他们还是决定与那个东海岸牛仔合作。

　　上午 9 点，床边的电话响了起来，那是森本。"鬼冢先生……本人……想要见见你。"他说。

我穿上西装，打车前往鬼冢公司总部。在熟悉的会议室里，森本先生指着桌子中间的一张椅子请我坐下。这次是中间，而不是主位。没有更多的礼遇。他坐在我的对面，望着我，其他高管陆陆续续走进房间。等到所有人都来齐之后，森本先生对我点点头。"可以开始了。"他说。

我立马开始，基本上就是在重复昨天早上对他说的话。就在我将讲话推向高潮、准备结束时，所有人都转向大门，而我的话也戛然而止。会议室内的温度瞬间降低，公司的创始人鬼冢先生来了。

他穿着一套深蓝色的意大利西服，黑色的头发浓密得就像是粗毛地毯，会议室里的每个人都露出一丝恐惧。不过，他似乎毫不在意。虽然掌握着巨大的权力和财富，但他的一举一动却相当谦恭。他蹒跚地走着，步态缓慢，没有一丝一毫终极大老板、鞋王国国王的架子。他缓缓地围着桌子走着，与每个高管进行简单的眼神交流。最后，他来到我的身边。我们彼此鞠了一躬，握手表达敬意，然后他就坐在桌子的主位，森本先生想要简单说明一下我的来由，但他却抬手打断了。

没有任何铺垫，他就开始了自己鼓舞人心的长篇独白。他说，他之前就有过预见，那是一个关于未来的奇妙想法。"全世界的每个人都时刻穿着运动鞋，"他说，"我知道这一天已经到来。"他停下，望着在座的每个人，观察他们是否理解。他的目光最后停在我的身上，对我笑了一下。我也回以笑容，他眨了两下眼睛。"你让我想起我年轻的时候。"他轻轻地说着，盯着我的双眼，一秒、两秒，然后又把目光转向森本先生。"这是关于那 13 个西部州的事情？"他问。"是的。"森本回答道。"嗯。"鬼冢先生垂眸低头，似乎在思考，然后再次抬头望着我。"好的，"他说，"就这样，西部的 13 州归你。"

他说，那个纽约人可以继续在全国销售他的摔跤鞋，但只能在东海岸销售田径鞋。他会亲自写信通知对方这个决定。

在他起身后，我也站了起来，每个人都站了起来。我们都鞠躬表达礼节，最后他离开了会议室。

会议室里的每个人都长舒了一口气。"所以……就这么决定了。"森本说。

"不过只有一年。"他补充道，"然后就要再次讨论标的问题。"

我对森本表示感谢，向他保证鬼冢公司不会后悔今天的决定。我绕着桌子和每个人握手鞠躬，而在回到森本身边时，特别热情地跟他握了手。然后，我跟着秘书走进侧间，签了数份合同，并且下单订购了高达 3 500 美元的鞋子。

我一路飞奔回到酒店。在半路就忍不住跳了起来，像个舞者一样在空中跳跃。我在栏杆边停下，望着外面的港湾，现在可以尽情体会这份完整无缺的美丽了。我望着船只轻快地在风中摇曳，决定也要租一艘，去看看日本的濑户内海。一个小时之后，我就站在船头，微风拂过我的头发，船只在落日的余晖中缓缓前行，一切都如此美好。

第二天，我搭乘火车前往东京，是时候踏上云端之旅了。

再见，亲爱的萨拉

所有的旅行指南都说要在晚上攀登富士山，坚称最好的攀登行程就是在登顶时看见太阳从顶峰缓缓升起。所以我在傍晚赶往富士山脚，那天的天气闷热潮湿，但温度却逐渐下降，我立即重新考虑是否要穿百慕大短裤、T恤和鬼冢虎鞋。我见到从山上下来的一个人穿着橡胶外套，于是就拦下他询问三美元是否可以买他的外套。他看着我，又看看外套，点头答应了。

我在日本的所有交易都谈成了！

随着夜幕降临，数百名当地人和游客陆陆续续出现，朝着山顶爬去。我注意到所有人都带着一根木棍，上面挂着叮当作响的铃铛。我找到一对年迈的英国夫妇，询问这些木棍的作用。"这可以辟邪。"那位女士说。

"山上有邪物吗？"我问。

"谁知道呢。"

于是，我也买了一根木棍。

然后，我又注意到有人聚集在路边买草鞋。那位英国女士解释说，因为富士山是座活火山，火山灰肯定会把鞋子弄坏，所以登山者都会穿一次性的草鞋。

于是，我又买了草鞋。

虽然剩下的钱更少了，但最终我还是装备齐全地出发了。

据旅游指南所说，富士山有多条下山的路，但上山的路只有一条。我觉得这里面肯定也有着生活的哲学。上山的路上沿路挂着多种语言所写的标识，表示在到达山顶前会有 9 个站点，每个站点都有供应食物和休息的地方。不过，我在两个小时内却多次路过三号站点，难道日本人的计数方法不同？心中警铃大作，我在想是不是 13 个西部州实际指的是三个？

我在第七个站点处停下买了一杯日本啤酒和一碗面作为晚餐。在吃晚餐的时候，我跟一对情侣攀谈起来。他们也是美国人，比我要年轻，我觉得他们应该是学生。男生走的应该是校园风：高尔夫球裤、网球衫和腰带，各种颜色堆在一起就像个复活节彩蛋。而女生更是个实实在在的另类：破旧的牛仔裤、褪色的 T 恤、乱糟糟的深色头发，大大的眼睛是棕黑色的，有点像浓缩咖啡。

两个人都因为爬山而汗流浃背，却注意到我并没有出现这种情况，我耸肩表示我是俄勒冈的一个径赛运动员。"800 米赛跑。"年轻的男孩皱眉，而他的女朋友却说："哇，太厉害了。"我们喝完啤酒后就一起再次开始登山之旅。

女孩名叫萨拉（Sarah），来自马里兰。"马匹之乡。"她说。富裕的地方，我想。她肯定从小就经常骑马、跳高和表演，大部分时间都是在马背和表演场上度过的。她谈到了自己最喜欢的小马和大马，就好像那是她最亲密的朋友。

我又问及她的家庭。"父亲开了一家糖果公司。"她说。在她提到公司名字后，我不禁笑了起来，我之前吃过不少她家的糖果，有时在赛前就会来一块。公司是由她的祖父创办的，不过她犹豫地补充说自己对金钱没什么兴趣。

我注意到她的男朋友又一次皱起眉头。

她当时在康涅狄格女子学院（Connecticut College for Women）学习哲学。"不是什么好学校。"她略带遗憾地说道。她想要去史密斯学院（Smith College），她姐姐就在那里读大二，不过她没有考上。

"听起来你还没有从被拒绝中恢复过来。"我说。

"要恢复估计还早着呢吧。"她说。

"被拒绝从来都不是一件容易接受的事情。"我说。

"这还用你说吗。"

她的嗓音很特别，某些单词的发音有点奇怪，我不知道那是马里兰的口音还是她自己口吃，不管怎样，都挺可爱的。

她问我为什么来日本。我解释说自己是为了拯救自己的公司。"你的公司？"显然她当时想到了自己家里的那些男人，公司的创始人、行业的领军者及创业家。"是的，"我说，"我的公司。""那么你拯救……成功了吗？"她问。"成功了。"我说。"家里的所有男孩都要去上商学院，"她说，"然后又都计划成为银行家。"她的眼睛四处望了一下，补充道："每个人都做着同样的事情——太无聊了。"

"我害怕无聊。"我说。

"啊，那是因为你是一个叛逆者吧。"

我停下脚步,把拐杖插进地里。

我,一个叛逆者?想到此,我双颊居然微微发烫。

在我们接近山顶的时候,小路逐渐变窄。我说,这让我想起自己在喜马拉雅山的经历。萨拉和她的男朋友盯着我。喜马拉雅?她是真的大为惊叹,而他也是真的生气了。随着山顶慢慢地映入眼帘,攀登变得危险、艰难。她抓住我的手。"日本人有句俗话,"她的男友见此大声地对着我们、对着每个人咆哮,"智者一生只登一次富士山,愚者才会登两次。"

没有人为此大笑,虽然我挺想笑的。

在顶峰时,我们走进一个大的木制鸟居。我们坐在鸟居旁边等候着。空气有点奇怪,不是真正的黑暗一片,却也没有太多光亮。太阳逐渐露出地平线。我告诉萨拉和她的男友,日本人会把鸟居放在神圣的交界地带,这个世界与其他世界的通道处。"不管你从哪里的世俗之地进入神圣领域,"我说,"你都会找到鸟居。"萨拉喜欢这种说法。我告诉她禅学大师相信山是"流动"的,但我们不能总是以我们有限的感官来认知流动,实际上我们在那一刻的确觉得富士山在流动,就像是在世界的海洋中乘风远航。

与上山不同的是,下山不需要耗费太多的精力和时间。在山脚,我对着萨拉和"复活节彩蛋"鞠躬告别。"很高兴认识你们。"

"你要去哪里?"萨拉问。

"我今晚打算待在箱根旅馆。"我说。

"那么,"她说,"咱俩明天出去逛逛怎么样?"

我后退一步，望着她的男友。他只是皱皱眉，最后我才意识到原来两人并不是情侣。复活节快乐。

此后两天里，我们都在酒店里畅谈人生、肆意大笑，然后互生好感。一切如此自然地开始。要是永远都不结束就好了，当然天下没有不散的筵席。我必须返回东京赶回家的航班，而萨拉决定继续前行，前往日本其他地方。我们没有计划再见面，她是个崇尚自由的人，根本不信计划这一套。"再见。"她说。

"见到你很高兴。"我说。

在我上飞机前的几个小时，我去了一趟美国运通办事处。我知道她在某个时间也会去那里，向家人要钱继续旅行，所以就给她留了一张便笺："你回东海岸时肯定要途经波特兰……为什么不停下来看看呢？"

我回家的第一个晚上，晚餐时，我跟家人分享我的好消息：我遇见了一个女孩。

然后又告诉他们其他好消息：我挽救了自己的公司。

我转过头严肃地望着我的双胞胎妹妹们。她们俩每天都有一半的时间会守候在电话旁，等着电话铃声响起。"她的名字是萨拉，"我说，"如果她打电话来，请……态度和善一点。"

几周之后，我办完琐事回到家，在客厅里见到了萨拉，她跟我的母亲和妹妹们坐在一起。"惊喜吗？"她说。她肯定是收到了我的信息，决定应邀过来。她是从机场打电话来的，是乔安娜

接的电话,然后她就发挥妹妹的作用,即刻开车去机场把萨拉接了回来。

我笑着跟她抱在一起,不过感觉有点奇怪,因为妈妈和妹妹们都在看着。"我们出去走走吧。"我说。

我从卧室里给她拿了一件夹克,然后就在微微细雨中走向附近一个树木葱葱的公园。她望着远处的胡德山,赞同我的说法,也认为胡德山跟富士山特别相似,我们不禁回想起在日本的那些时光。

我问她住在哪里。"傻子。"她说。

两个星期里,她都住在我父母的客房里,就像家里的一员,我开始想着说不定某天她真的会成为家里的一员。我不太敢相信,因为她是如此吸引着毫无魅力的奈特。我那两个防备心重的妹妹、害羞的母亲、独裁的父亲,没有一个人可以抵挡她的魅力。特别是我的父亲,在他们握手时,我可以感觉到她融化了父亲内心的某些坚硬之处。可能是因为家庭条件不错,周围朋友都有权有势,所以她也有着那种自信,你一生中可能会碰见一两次的那种自信。

她显然是我所认识的人中唯一一个可以同时聊到贝比·佩利[1]和赫尔曼·黑塞[2]的人。她崇拜这两个人,特别是黑塞,

---

[1] 贝比·佩利(Babe Paley),20世纪40—70年代美国的社交名媛,有"天鹅女郎"之称。——编者注
[2] 赫尔曼·黑塞(Hermann Hesse),作家、诗人。出生于德国,后加入瑞士国籍。1946年获得诺贝尔文学奖。——编者注

她打算有朝一日要写一本关于黑塞的书。"黑塞说过，"她有天晚上在用餐时说，"幸福是一种方式，而不是内容。"全家人都在默默地吃着炖肉，喝着牛奶。"很有意思。"父亲说。

我把萨拉带到蓝带体育公司的全球总部——地下室，向她展示了自己的经营业务。我给了她一双 Limber Up，她在我们出门去海岸边的时候会穿着它。我们还一起去爬了汉姆山（Humbug Mountain），沿着扇形海岸捉螃蟹，在树林里摘越橘。站在 24 米高的云杉下，我们吃着越橘，忘情拥吻。

在她必须飞回马里兰的时候，我觉得像是丢了什么似的。每隔几天，我就会给她写信。我写了有生以来的第一封情书。

亲爱的萨拉：

　　我突然想起和你一起坐在鸟居旁等候日出的场景……

她总是立刻回信，在信里向我表达她从未减少的爱意。

1964 年的圣诞节，她再次来到我的身边。这次是我去机场接的她。在我们回家的路上，她告诉我在上飞机前跟父母大吵了一架。她父母不让她来，他们不认同我的存在。"我父亲对着我大吼。"她说。

"他吼了什么？"我问。

她模仿着她父亲的语调："你不能因为在富士山上遇见一个男人就以为他是你的一切。"

我不太自然地笑笑。我知道自己正处于胜负的关键时刻，但没有意识到原来爬富士山也是我的劣势之一。爬富士山有什么不好的呢？

"你怎么逃出来的？"我问。

"我哥哥帮我的，他悄悄带我溜出家门，然后开车送我去机场。"

我不禁好奇她是不是真的爱我，还是只把我当作一个叛逆的机会。

那几天，如果我在忙着蓝带体育公司的工作，萨拉就会跟母亲一起出去逛。晚上，我们俩会一起去市中心用餐、喝酒。周末，我们会在胡德山玩雪。在她必须回家时，我又开始患得患失。

亲爱的萨拉：

  我想你，我爱你。

她随即回信表示她也想我，她也爱我。

然后，在冬季的冰雨中，她信中的热情也稍稍退却了。信里不再是热情洋溢，或者不再是我所想的。可能只是自己想得太多，我这样告诉自己。但我必须要弄清楚，所以就打电话找她。

一切都不是因为我想得太多。她说，她经过再三考虑，不太确定我们是否适合彼此。她不确定我对她而言是不是足够世故圆滑。"世故圆滑"，这是她所用的词。在我还没来得及反驳、沟通前，她就挂断了电话。

我拿出一张纸，给她打了一封长长的信，乞求她再好好地考虑一下。

她随即回信，没有任何商量的余地。

蓝带有了第一位员工

鬼冢公司的新一批鞋也已经到货，我却没有心思去处理。我在几周里都心情郁闷，躲在地下室里，躲在自己的房间里，躺在床上望着我的蓝丝带。

虽然我没有告诉他们，但家人都清楚发生了什么。他们没有询问细节，也不需要或不想要了解细节。

但我的妹妹珍妮除外。某天，在我外出的时候，她走到我的房间，在桌子里找到萨拉的信。后来，我回家来到地下室时，珍妮过来找我，她坐在旁边的地板上说，她仔细读了所有的信，包括最后一封我被拒绝的信。我别开头不想说话。"你没有她会过得更好。"珍妮说道。

我的眼里蓄满泪水，点头道谢。因为不知道该说些什么，所以我就问珍妮有没有兴趣在蓝带体育公司做兼职。我显然已经落下很多工作，所以肯定需要一些帮助。"因为你对邮寄很有兴趣，"我哑着嗓子说，"可能你会喜欢做那些文秘的工作。一块五一个小时？"

她咯咯地笑了起来。

就这样，我的妹妹成了蓝带体育公司的首位员工。

1965 脆弱的蓝带

> 作为会计师的我依旧能看出风险的存在，而作为创业者的我却也见到了可能性。所以我折中了一下，继续前行。

我在年初就收到杰夫·约翰逊的来信。在西方学院偶遇后，我给他寄了一双鬼冢虎作为礼物，他在信中表示穿上它跑步之后，相当喜欢这款鞋。他太喜欢这双鞋了，其他人也喜欢，人们总是不停拦下他，指着鞋问他在哪里可以买到。

约翰逊在我们上次见面后不久就结婚了，他说，他的妻子已经怀孕，所以除了做社工外，还想要找点赚外快的方式，而鬼冢虎似乎比阿迪达斯更有前景。我回信询问他是否愿意担任"委托销售员"，也就是他每卖出一双跑鞋就有 1.75 美元提成，而每卖出一双钉鞋会有两美元。我当时刚开始招募兼职销售代表，所有人的标准费率都一样。

他即刻回信表示同意。

随后我们之间的信件来往不仅没有停止，反而在长度和频率上都有所增加。最初只有两页，然后是 4 页，再然后就是 8 页。最开始每隔几天才有一封，后面越来越频繁，几乎每天都有，信件投递口就像是瀑布一样，每封信件的寄件地址都一样：加利福尼亚州锡尔滩 492 号邮政信箱，邮编 90740。然后，我就开始怀疑聘用这样一个人干什么。

我当然喜欢他的投入，同样他的激情也无可挑剔，但我开始担心他是不是投入太多激情和精力。在第二十封信或第二十五封信寄来的时候，我开始担心这个人是不是精神错乱，好奇为什么一切如此顺风顺水，好奇他什么时候将说完所有他急需告诉我或问我的事情，好奇他是否会用完邮票。

蓝带的二号员工，永远在倾诉

约翰逊似乎每次脑子里有什么想法时就会写下来，然后塞进信封。他写信告诉我，他一周卖了多少双鬼冢虎，一天卖了多少双；谁在哪场高中比赛中穿了鬼冢虎，最后的名次是多少；他想要扩大销售区域，不仅是在加利福尼亚，还想在亚利桑那州卖鞋，可能最好还包括新墨西哥州。他建议，我们可以在洛杉矶开一家零售店。他告诉我他在考虑在跑步杂志上刊登广告，问我有什么想法。他会写信告诉我他已经在跑步杂志上登了广告，反响不错。他会写信询问我为什么之前没有回复他的信件，会写信请求我给予鼓励，还会写信抱怨我之前没有回信给他鼓励。

我始终认为自己是一个尽职的通信对象（我在全球旅行时给家里寄过无数封信件和明信片，我还真心实意地给萨拉写过信），而且我也总是想要给约翰逊回信，但在我抽时间准备写信时，总是会收到另一封信，于是我就不停地在等待。可能光是信的数量就让我望而却步，他的那种急切需求也让我不想再给他鼓励。好多个晚上，我都会坐在地下工作室的黑色皇家打字机前，把纸装上开始打字，"亲爱的杰夫"，然后就空白一片，我不知道该从哪里开始，不知道首先该回答他的哪个问题，于是我就起身去处理其他的事情，然后第二天又会收到约翰逊的另一封信，或者可能是两封。很快，我就会有三封没有回复的信，每天都不知道该从何下手。

我让珍妮去应付约翰逊的信件。"好的。"她说。

结果不到一个月，她就把信件扔在我面前，情绪激动地说："你付的薪水可不够付我的工资。"

有时，我不会从头到尾、一字一句地读约翰逊的信。但略读之后会发现，他会在闲暇和周末的时候卖鬼冢虎，他打算继续做自己的全职工作，也就是作为洛杉矶的社会工作者。我一直不太理解，约翰逊根本不是那种善于社交的人，实际上他看起来总是有点不愿与人来往，这也是我喜欢他的一点。

1965 年 4 月，他写信表示自己打算辞掉社工的工作，虽然他一直不喜欢这份工作，但压死骆驼的最后一根稻草就是圣费尔南多谷（San Fernando Valley）的一个情绪抑郁的女人。他之前计划要去核实她的情况，因为她扬言打算自杀，但他首先打电话询问她，她是不是真的计划在那天自杀。如果是真的，他就不想要浪费时间和金钱一路开车去那边了。那个女人和约翰逊的上级都不认同他的方法，觉得这是他漠不关心的表现。约翰逊也的确如此。他不关心，在那一刻，约翰逊写信告诉我他了解了自己，也清楚了他的宿命。社会工作不是他的宿命，他来到这个世界不是为了解决人们的问题，他更喜欢关注人们的双脚。

在内心深处约翰逊坚定地认为跑者是上帝的选择，如果方法得当、斗志昂扬、形式恰当，跑步就是一种神秘的练习，完全不亚于沉思或祈祷，所以他觉得自己受到上帝的召唤，要帮助跑者到达天堂。我一生大部分时间都是围绕着跑者转的，但从未遇见这种转瞬即逝的浪漫主义。甚至跑步界的耶和华——鲍尔曼，也没有蓝带体育公司的二号兼职员工对体育抱着的如此虔诚的态度。

实际上，在 1965 年，跑步甚至不算是一种运动。跑步并不是广受欢迎的运动，但也不是无人问津，它只是一种常见的运动罢了。人们认为，出门跑上 8 公里是怪胎才会做的事情，可能只是为了燃烧、释放疯狂的精力。为了愉快而跑步，为了锻炼而跑步，为了产生内啡肽（endorphin）而跑步，为了更健康长寿而跑步——这些事情都是闻所未闻的。

人们特别喜欢嘲笑跑者。看到路上的跑者，司机会放慢速度按响喇叭，大叫道："跑步还不如骑马啊！"然后，朝着跑者的头部扔过去一瓶汽水或其他垃圾。约翰逊以前就经常被百事可乐淋湿。他想要改变现状，他想要帮助全世界所有被压迫的跑者，想要为他们带来光明，创建一个属于跑者的社区。所以他可能归根到底是个社会工作者，不过却只想和跑者社交。

但归根结底，约翰逊想要通过他想做的这些事情赚钱养家，而在1965年，这几乎是不可能的。在我身上，在蓝带体育公司，他觉得自己看见了希望。

我竭尽所能打破约翰逊对于这种想法的美好幻想，尝试各种方法来浇灭他对我和我公司的热情。除了不回信，我也不给他打电话，不拜访他，也从不邀请他来俄勒冈。我当然也从未浪费任何机会告诉他残酷的事实，在为数不多的回信中，我坦诚地表示："虽然公司发展状态不错，但我实际还欠俄勒冈第一国民银行11 000美元……现金流是负的。"

他即刻回信询问是否可以成为我的全职员工。"我想要在鬼冢虎身上实现这一切，而且也有机会去做其他事情——跑步、学业，当然还有自己创业。"

我摇头表示不理解，我都跟这个人说了蓝带体育公司就像泰坦尼克号一样正在逐渐沉没，他的回复却是请求得到一个头等舱位。

好吧，我想，即便我们的确落败，但好歹会有人与公司相伴。

所以在 1965 年夏末，我回信接受了约翰逊成为蓝带体育公司首位全职员工的提议。我们通过邮件协商他的薪水，之前他做社会工作者的月薪是 460 美元，不过他表示 400 就够了。我同意了，不过不太情愿，似乎这个要价过高，约翰逊又太散漫轻浮，而蓝带体育公司又太脆弱了。不管怎样，我都觉得这只是暂时的。

作为会计师的我依旧能看出风险的存在，而作为创业者的我却也见到了可能性。所以我折中了一下，继续前行。

管什么银行，我想要的是狠踩油门一路狂飙

在此之后，我就完全把约翰逊的事情抛到脑后。我目前还要解决更大的问题——银行对我的表现不满意。

在第一年销售额达到 8 000 美元后，我当时预测第二年会达到 16 000 美元，而银行方面表示这相当令人担忧。

"销售额增长率达到 100% 是令人担忧的事情吗？"我问道。

"对于你的净资产而言，你的成长速度太快了。"银行表示。

"这么小的公司怎么可能成长太快？如果小公司成长快，肯定是在积累净资产。"

"不论公司规模大小，原理都是一样的，资产负债表外的增长存在风险。"

"人生就是要成长，"我说，"公司就是要成长，你不成长就会被淘汰。"

"但我们不这么看。"

"你不能跟一个跑步运动员说你在比赛中跑得太快了。"

"这两件事风马牛不相及。"

银行的想法才完全是风马牛不相及,我想这么跟他们说。

我所学到的理念就是,销售额持续增长,有赢利能力,再加上无限的上涨空间,就等于高品质的公司。不过在那个年代,商业银行与投资银行不同,它们目光短浅,只关注现金余额,希望你永远不要超越你的现金余额。

我一次又一次心平气和地尝试对银行解释我的鞋类业务。我说,如果我不保持上涨趋势,就没法说服鬼冢公司相信我是美国西部地区最佳的经销商。如果没法说服鬼冢相信我是最好的,他们就会找其他人来代替我。并且,这一切还没考虑与最大的"怪物"——阿迪达斯之间的竞争。

银行方面无动于衷。与雅典娜的劝说不同,他们完全没有把我的劝说当一回事。"奈特先生,你需要放慢增长速度。你没有足够的净资产来支持这种增长。"银行一遍又一遍地说。

净资产,我开始厌恶这个词,银行不停地使用它,它变成了一个调子,在我脑海里不停播放,让我无法摆脱。净资产——我在早上刷牙时会听到;净资产——我在晚上上床睡觉时会听到;净资产——我甚至到不想大声提到这个词的地步,因为这根本就不是一个具有真正内涵的词,不过是官僚的行话,现金的代名词,而我缺少的正是现金。这是对我的故意刁难。我把所有尚未确定进账的资金都直接投到自己的业务中,这么做是不是太鲁莽?

我对现金余额置之不理，于我而言这没有任何意义。当然，对这点始终都是需要持有谨慎、保守、明智的态度的，但"路边"根本不缺谨慎、保守、明智的企业家，我想要的是狠踩油门一路狂飙。

在一次次的见面中，我都或多或少保持沉默。银行所说的任何事情，我都最终表示同意，然后完全随心所欲地做自己高兴的事情。我会再次向鬼冢公司订购鞋子，数量是前一次的两倍，然后睁大双眼无辜地出现在银行，请求银行提供一份信用证来支付这笔贷款。银行总是惊诧不已："你想要多少？"而我总是假装因为他们的惊诧而惊讶。"我觉得你看得出这是明智的……"我会虚与委蛇，协商磨合，而最终银行也会批准我的贷款。

在我把所有鞋子卖出去，再全额偿还借款后，我就会再重演一遍整个过程：在鬼冢公司下一笔大订单，一般是前一次的两倍，然后再穿着最好的西装去银行，脸上露出天使般无辜的表情。

处理我业务的银行家名叫哈里·怀特（Harry White），大概50岁，慈眉善目，嗓音就像是碎石在搅拌机里被搅拌时的声音，他似乎不太想做银行家，特别不想做我的银行家。他是在被迫的情况下接手我的业务的。我接触的第一个银行家是肯·柯里（Ken Curry），但在我的父亲拒绝成为我的担保人后，柯里就直接打电话联系他："你只跟我说，比尔，如果这个孩子的公司出现问题，你还是会支持他的，对吗？"

"当然不会。"我的父亲说道。

所以，柯里决定自己还是不要参与父子之间无声的战争了，然后怀特就理所当然地接手了。

怀特是第一国民银行的副总裁，这个职位具有误导性，其实他没有太大的权力，上级时刻严密监视着、事后评论着他的一举一动，终极大老板其实是鲍勃·华莱士（Bob Wallace）。真正对怀特施压的也是华莱士，所以怀特才会对我施压。正是华莱士盲目追求净资产，对增长嗤之以鼻。

身材魁梧、表情凶狠、胡子拉碴的华莱士年长我10岁，但他却觉得自己是银行的青年传奇。他决心成为银行的下一届总裁，认为所有不良信用风险都是他和这个目标之间的拦路虎。他不喜欢为任何事给任何人提供信贷，但我的资产负债差额总是徘徊在零左右，所以他觉得我是一个随时可能爆发的灾难。只要一个季度的增速放缓、销量下滑，我的公司就会关门大吉，而华莱士银行的大厅可能就会摆满我没有卖出的鞋子，银行总裁的高位也会与他失之交臂。就像萨拉在富士山上说我是个叛逆者，华莱士也把我看作一个叛逆者，但他可没有任何赞美的意思。当然，回想起来，萨拉最后其实也没有赞美的意思。

当然，华莱士不会总是直接跟我坦白，而是通过他的中间人怀特来传达。怀特信任我和蓝带体育公司，但他会始终悲伤地摇头告诉我，华莱士已经做出决定，华莱士已经签署支票，华莱士不是菲尔·奈特的粉丝。我觉得怀特用"粉丝"这个词是恰当的、生动的，也是一种有希望的描述。他高高瘦瘦，之前也是个运动员，喜欢谈论体育。毫无疑问，我们英雄所见略同。另一方面，华莱士看起来就像是个从不会踏上球场的人，除非是为了收回未能如期还款的器材。

如果告诉华莱士哪里可以扔掉我的净资产，他肯定会相当满意，会立刻冲出门，把我的业务转到其他地方，但在1965年，我根本无处可去。第一国民银行是小镇里唯一提供贷款的地方，华莱士清楚这一点。俄勒冈当时只有两家银行，第一国民银行和美国合众银行（U.S. Bank），后者已经拒绝我的请求。如果我被前者抛弃，那就完了。现在，你可以住在一个州，却从另一个州的银行贷款，没有任何问题，但当初的银行监管更为严格。

同样，当时也不存在所谓的风险投资。一个具有雄心壮志的年轻人几乎无处可去，而唯一能去的地方也被那些趋避风险、没有丝毫想象力的守门人给紧紧看守住了。华莱士就是规则，而不是例外。

另一方面，鬼冢公司方面总是拖延装运时间，这使情况更加糟糕，更少的销售时间就意味着没有足够时间赚足够的钱来偿还贷款。而在我向他们表示不满后，对方也没有任何回复。即便是有所回复，他们也根本不理解我的困境。我不得不再次发送电报，着急地询问最新一批货物的装运动向，而我通常得到的回复就是令人发狂的敷衍："还要几天。"就好比你拨打911，结果另一头的人却哈欠连天。

考虑到所有的问题和蓝带体育公司阴云密布的未来，我觉得自己最好还是找份靠谱的工作，一个在所有一切崩盘后还能依靠的铁饭碗。与此同时，约翰逊全身心投入蓝带体育公司的工作之中，所以我决定扩大业务范围。

当时我已经通过了注册会计师考试的所有科目，所以就把自己的考试成绩和简历邮寄给几家当地的事务所，面试了三四家之后，最终被普华会计师事务所①聘用。无论喜欢与否，我正式地、不可撤销地成为了一名持证上岗的会计师。我当年的纳税申报单没有把自己的职业列为个体户或是企业主，而是会计师菲利普·奈特。

会计艺术家海斯

多数情况下，我并不在意那些名头。对于创业者而言，我在蓝带体育公司的银行账户中投入适当的薪水，填补我的宝贵净资产，增加公司的现金余额。同样，与莱布兰德不同的是，普华会计师事务所在波特兰的分支机构是一家中等规模的事务所，相比于莱布兰德只有4名会计师，这家公司有30名左右，它更适合我。

这份工作也同样更适合我。普华拥有不同的客户，既有有趣的新创企业，也有知名的公司，事务所的客户涉及你可以想到的各行各业——木材、水利、电力、食品……在针对各类公司进行审计、探索其内在问题、分类再综合时，我也了解到了不同公司是如何存活或被淘汰的，公司是如何让产品畅销或滞销的，公司

---

① 普华会计师事务所（Price Waterhouse）是现在的普华永道会计师事务所的前身之一。——编者注

是如何卷入困境，又是如何摆脱困境的。我仔细记录着公司的成功秘诀和失败原因。

经过多次这样的过程，我了解到缺少净资产才是失败的主要原因。

会计师通常是团队合作，而最佳团队的领导就是事务所最好的会计师德尔伯特·海斯（Delbert J. Hayes），同时也是目前事务所的招牌。他身高1米88，体重136公斤，穿紧身、廉价的聚酯面料的西服。海斯的确拥有天赋、智慧和激情，当然胃口也不小。他认为，最令人高兴的事情莫过于就着一杯酒，吃着特大号三明治，但在研究报表时他不会做这两件事。

我也认识其他资历、技能不错的会计，不过海斯在这方面确实拥有绝佳的天赋。在大量普通的数字中，他可以区分出美的原始要素，他就像诗人看待白云、地理学家看待岩石一般看待数字。他可以从数字中谱出狂想曲，找到通俗的真相。

还有神秘的预测。海斯可以利用数字预测未来。

日复一日，我望着海斯做着那些我从未想过可能性的事情，他把会计做成了艺术。换言之，他和我，和所有人都可以是艺术家。这是个绝妙、崇高的想法，我是永远都不可能想到的。

理智上，我清楚这些数字都是美妙的。在一定程度上，我明白数字代表着秘密代码，而在每行数字背后都蕴含着飘渺的柏拉图抽像的理型（form）。我的会计课程就曾教会我类似的事情。就像体育，田径场会让你特别尊重数字，因为数字代表你的成绩，不多不少。如果我在比赛中的表现不佳，可能是因为受伤、疲劳、心情不佳，但没人在意。我最后得到的数字才是其他人会记住的一切。我们生活在这种现实之中，而海斯这个艺术家却可以让我真正地体会到。

唉，我开始担心海斯是那种悲剧性的艺术家，像梵高那样孤芳自赏的艺术家。他每天的一言一行、穿着品味都太过糟糕，在公司里也不与别人交流，而且还有各种恐惧症——恐高、怕蛇、怕虫子、幽闭恐惧，这些导致他与上级和同事的距离渐行渐远。

海斯最害怕的就是节食。普华本可以毫不犹豫地让海斯成为合伙人的，不过事务所无法忽视他的体重，无法忍受一个体重高达136公斤的合伙人。更可能的是，就因为这个令人不愉快的事实，海斯反而吃得更多了。无论如何，他的胃口惊人。

只要一到下班时间，海斯就会向初级会计师讲述他说不完的故事。

他一说就停不下来，某些会计师会称他为"雷姆斯大叔"（Uncle Remus），但我从来没有，也从来没有对海斯的滔滔不绝心生厌烦。海斯的每个故事都包含着某种商业智慧——什么才是公司运营的要素，公司的分类账到底意味着什么。

不过当我不是海斯"军队"的小兵时，我还要到后备队服役（役期7年）。每个周四的晚上，从7点到10点，我必须转换角色，成为奈特中尉。我的部队里都是码头工人，我们经常会在仓库区驻扎，距离我收取鬼冢装运的货物的地方不过几个足球场的距离。多数晚上，我的弟兄和我会把货物装上船或是卸下船，会维修吉普车和卡车。我们经常会做体能训练，包括俯卧撑、引体向上、仰卧起坐和跑步。我记得有一个晚上，我带领大家一起跑6公里。我设定了一个相当可怕的速度，然后慢慢地提速，自己和后面跟着的人都累得满头大汗。之后我无意中听到一个人在跟另一人说："奈特中尉喊口令的时候我跟得挺紧的，却没听到他大口喘气。"

这可能是我在1965年里唯一的胜利吧。

后备队在某些周二晚上会有课程。教员会跟大家聊聊军事策略，这一点特别吸引我。教员经常会援引以前的著名战役，以此作为课堂的开篇，但都不可避免会偏离主题，开始聊起越南战争的问题。冲突愈演愈烈，美国不可逆转地深陷其中，仿若被巨大的磁场吸附住了。

我开始逐渐憎恶那场战争。不单单是因为我觉得那场战争是不对的，而且觉得它完全是愚蠢、浪费资源的做法。我讨厌愚蠢和浪费。最重要的是，相比于其他战争，那场战争似乎与我贷款的银行采用相同的原则策略——作战不是为了胜利，而是为了避免失败。万无一失的失败策略。

海斯会不时外出拜访俄勒冈各地的客户，而我发现自己通常是他拜访各地时所带的一部分。在他下属的所有初级会计师中，我可能是他最喜欢的，特别是在他出差的时候。

在一次出差途中，我跟海斯聊了蓝带体育公司的情况。他认为蓝带体育公司是有前景的,但同样也预见到了不可避免的失败。他说数字是不会骗人的。"在这样的经济条件下创办新公司?还是一家鞋类公司?现金余额还为零?"他懒散地摇着自己毛茸茸的大脑袋表示不赞同。

但另一方面,他表示我也有一个优势——鲍尔曼,一个传奇合伙人,这绝对是无法估值的宝贵资产。

两头成熟的雄狮相见了

此外,我的资产正在增值。鲍尔曼曾在 1964 年前往日本参加奥运会,支持他所培训的美国田径队。他的两个跑步运动员比尔·德林杰(Bill Dellinger)和哈利·杰尔姆(Harry Jerome)都获得了奖牌。而在比赛后,鲍尔曼就会转换角色,变为蓝带体育公司的形象代言人。他和鲍尔曼太太前往鬼冢公司参观,让那里所有人都为其魅力所折服。成立公司时鲍尔曼提供的初始 500 美元资金正是来自鲍尔曼太太的圣诞节俱乐部账户。

两人受到了皇室般的礼遇、VIP 级的工厂参观待遇,森本甚至把他们引荐给了鬼冢先生。当然,两头成熟的雄狮相见恨晚。毕竟两人都有同样的过去,感受过同一场战争,两人也仍然将每一天都当作一场战斗。鬼冢先生从不屈服于失败,这一点让鲍尔曼印象深刻。鬼冢先生告诉鲍尔曼自己是如何在日本的废墟中,在几乎所有大城市都还在美国战火的洗礼中时,创建自己的制鞋公司的。他的第一个鞋楦(一个篮球鞋系列)是通过把佛堂蜡烛的热蜡倒在自己的脚上才做成的。虽然篮球鞋根本卖不出去,但鬼冢先生没有放弃，他又把目光转向跑鞋，剩下的就是鬼冢虎鞋子的历史了。在 1964 年的奥运会中，每个日本跑步运动员穿的都是鬼冢虎。

鬼冢先生还告诉鲍尔曼自己是在吃寿司时突然灵感迸发，设计出鬼冢虎的特殊鞋底的。当时他低头望着自己的木盘，上面放着章鱼脚，蓦然觉得类似的吸盘与跑鞋鞋底相结合说不定会有不一样的效果。自此他了解到灵感可以来源于平凡的事物，可以是你每天吃的东西，也可以是家周围的各种事物。

鲍尔曼的实验

返回俄勒冈之后，鲍尔曼和新朋友鬼冢先生及鬼冢公司的整个生产团队保持着愉快的联络。他会提出新的想法和产品改进建议。虽然所有人双脚构成都一样，但鲍尔曼坚信它们并不是完全相同的。美国人的身体与日本人不同，美国人更高、更重，所以美国人需要不同的鞋子。在拆解了十几双鬼冢虎鞋子后，鲍尔曼就找出了针对美国消费者需求的改进方法。为此，他做了大量的笔记、草图、设计，将它们都提供给了日本方面。

可惜的是，他也和我一样发现：不管你与鬼冢公司员工的私交有多好，一旦你回到美国，事情就完全不同了。鲍尔曼的大多数信件都没有得到任何回复，即便有回复，也是语焉不详或表现得不屑一顾。一想到日本人对待鲍尔曼的方式正是我对待约翰逊的方式，我整个人都觉得心疼。

不过鲍尔曼不是我，他没有把拒绝放在心上。就像约翰逊一样，在自己的信件没有任何回复的情况下，鲍尔曼就会写更多的信，使用更多强调的词语和更多惊叹词。

同样，他也没有停止自己的试验，他继续把鬼冢虎拆开，继续把自己田径队的年轻人当作实验小白鼠。在1965年秋季径赛季上，鲍尔曼每场比赛都会得到两个结果：一个是运动员的表现，一个是鞋子的表现。鲍尔曼会标注如何支撑足弓，鞋底如何抓地，脚趾如何被挤压，以及脚背如何弯曲。随后，他会把自己的笔记和发现结果寄给日本。

他最终有所突破。鬼冢公司按照鲍尔曼提出的意见制造出了更符合美国人需求的鞋型。鞋子内底柔软，对足弓的支撑力度更大，楔型鞋跟减少了对跟腱的压力。他们把原型发给鲍尔曼之后，他简直为之疯狂，要求对方提供更多此种鞋子，然后把这类试验鞋发给自己所有的队员，大家在竞赛中都所向披靡。

鲍尔曼总是以最好的方式看待一点小小的成功。与此同时，他也在测试运动万能药、魔法药剂，以保证自己的队员保留更多的体力和能量。在我还是他的队员时，他就说过运动员补充盐分和电解质的重要性。他会强迫我和其他人喝下他发明的药剂，那是一种由打碎的香蕉、柠檬、茶、蜂蜜，以及其他不知名的配料混合而成的恶心黏稠物。现在，在"修补"鞋子的同时，他还不忘捣鼓自己的运动饮料配方，虽然口感更差，不过效果更好。直到几年后，我才意识到鲍尔曼当时是在研发佳得乐（Gatorade）。

在"闲暇时间",鲍尔曼喜欢思索海沃德田径场(Hayward Field)的地面。海沃德是一个神圣的地方,使用传统的煤渣跑道,但鲍尔曼可不认为可以因为传统而放慢你的速度。只要是下雨天,尤金市(Eugene)的确是经常下雨,海沃德的煤渣路就会变为威尼斯的河道。鲍尔曼觉得橡胶制品更容易晾干、清理和保持干净,同时橡胶鞋会让运动员的双脚更舒服。所以他就买了一台水泥搅拌器,投入切碎的轮胎和不同类别的化学物质,然后花时间寻找它们混合的最佳黏稠度和构成比例。他不止一次因为吸入由此产生的"巫师"气体而患重病。头疼欲裂、明显跛行、视力退化,这些都是他追求完美的后续代价。

同样地,我也是在几年后才了解到鲍尔曼实际在忙什么。他当时是在尝试发明聚氨酯。

有一次,我问他是怎样在一天的24小时内安排好所有事情的。当教练、出差、做实验、照顾家庭。他咕哝了一下,好像在说:"没什么。"然后低声跟我说,除此之外,他还在写一本书。

"一本书?"我说。

"关于慢跑。"他生硬地说道。

鲍尔曼总是强调,人们有种错误的想法,那就是只有杰出的奥运会运动员才称得上是运动员,但他觉得每个人都是运动员。只要你身体无碍,就可以运动。而现在,他决心要把这种观念进一步推广,让所有阅读此书的人都了解这个观点。"听起来挺有意思的。"我说。不过我觉得我们的教练忽视了一个问题,那就是到底谁会有兴趣读一本关于慢跑的书?

1966

天字第一号业务员

> 我望着弯曲、炽热的地平线,觉得全世界只有一人足够无所牵挂、精力充沛、志向远大、举止疯狂地愿意一经通知就搬去东海岸,而且会在鞋子到达前准备好一切。

在与鬼冢公司签订的合同就要到期时,我每天都检查邮件,希望对方会写信表示有意续约,或是希望终止合同。无论如何,知道结果总是一种解放。当然,我也希望萨拉会写信给我,说她改变了想法。此外,我也同以往一样,时刻准备应付银行的来函,称我的业务不再受欢迎。

但每天都只有约翰逊的信件。和鲍尔曼差不多,这个人好像永远都不睡觉,我甚至想不出其他理由解释他为何坚持不懈地寄

信。多数信中都没有重点,在大量我不需要的信息中,约翰逊的信件一般会包括多个长篇的附加说明和某些闲聊和玩笑。

甚至,还会有手绘的解释说明。

也有可能是乐曲的歌词。

有时是一首诗。

约翰逊敲打着手动打字机,在透明薄纸上粗暴地留下盲文般的印记,他的不少信件背后都有故事,可能说"寓言"更合适一点。

> 他如何向一个人卖了一双鬼冢虎,但这个人会帮忙卖出更多双,所以他有一项计划……他如何追着、缠着一个高中的主教练,试图向这个教练出售 6 双鞋,但最终却卖出 13 双……这不过是表明了……

约翰逊通常会事无巨细地描述他最新投放的广告或是正在考虑在《长跑日志》杂志(Long Distance Log)或《田径新闻》杂志(Track & Field News)背面投放的广告,或者他会描述他计划在广告中采用的鬼冢虎照片。他会在自家建一个临时照相馆,在沙发上诱惑性地摆放鞋子,紧挨着一件黑色运动衫。我根本就没有找到在只有跑步爱好者才会读的杂志上投放广告的意义。我觉得短暂的广告宣传没有任何意义,但约翰逊却似乎乐在其中,而且发誓这类广告会有用,所以我也没有太多理由去阻止他。

约翰逊的信件一般会不可避免地以"挽歌"形式结尾,不管信的末尾是在尖刻地还是认真地指责我未能回复他之前以及再之前的信件。之后可能就会带有一个附录和另一个附录，有时会是一堆附录。再之后就是请求我给予鼓励，但我从来没有这样做，我没有时间鼓励他，而且这也不是我的行事风格。

如今回望过去，我不禁在想自己那么做是否真的是出于自我个性，是否只是在模仿鲍尔曼或是我的父亲，或是两者皆有。我是不是学会了他们那种沉默寡言的行为？我是不是可以效仿所有我崇拜的人？在我阅读所有可以得到的关于将军、首领、武士的故事及我心中三大英雄——丘吉尔、肯尼迪和托尔斯泰的回忆录时，是不是潜移默化地受到了影响？我不喜欢暴力，但我却着迷于在极端情况下的领导力或缺乏领导力。战争就是最极端的情况，但商业中也有类似战争的因素。有人说过商场就是没有硝烟的战场，我颇为赞同。

我并不特殊。在历史长河中，人们会指望士兵发扬海明威的基本美德，在压力下保持优雅。海明威本人就是在望着拿破仑最喜欢的指挥官米歇尔·内伊的雕塑时完成了《流动的飨宴》的大部分内容。我从所有关于英雄的书中认识到他们大多沉默寡言，没有一人喜欢说个不停，没有一个只注重微观而忽视宏观环境。巴顿将军说过，不要告诉人们如何做某事，告诉他们需要做什么，让他们创造惊喜。所以我没有回复约翰逊，而且也不会跟他纠缠。我已经告诉他需要做的内容，希望他会给我惊喜。

也许他可以在沉默中给我惊喜。

疯狂的天才

约翰逊值得赞扬的地方就是，虽然他渴望更多的交流，但绝不会因为缺少交流而丧失信心。相反，他会更加积极主动。他不是很注重细节，却意识到我并不是，虽然他喜欢对我、我妹妹，以及我们的朋友抱怨，却清楚我的管理风格给了他更多的自由，让他随心所欲地去做事，发挥更多的创造力和能量。他一周工作7天，不停销售产品，推广蓝带体育公司，而在他不销售的时候，也会努力构建自己的消费者数据库。

每个新的消费者都会有自己的指数卡，而每张指数卡包含这个消费者的个人信息、鞋码和鞋类偏好。这个数据库让约翰逊可以时刻与所有消费者保持联系，让所有消费者获得特殊体验。他会给消费者寄送圣诞节卡片和生日卡，会在他们完成大型比赛或马拉松后发送贺词。只要收到约翰逊的信件，我就知道之后肯定还会有更多。他有成百上千的消费者通信录，各行各业的都有，从高中田径明星运动员到八九十岁的周末慢跑者。不少人在收到约翰逊的又一封信件时，肯定都会跟我有一样的想法："这个人到底哪儿来的时间？"

不过，与我不同的是，多数消费者会相信约翰逊的信件。多数人会给他回信，告诉他自己的生活近况、个人问题、身体损伤等，而约翰逊会主动表示慰问、同情，提供相关建议，特别是针对受伤的问题。20世纪60年代，几乎没有人了解跑步损伤或常规运动损伤的基本知识，所以约翰逊的信件经常会包含其他地方无法了解的关于运动损伤的相关信息。我只是有些担心其中的责任问题，同样也担心某天我会收到一封信说约翰逊租了一辆卡车，把所有伤者都送到了医院。

某些消费者会自由主动地表达对鬼冢虎的意见，所以约翰逊就开始积累这类消费者反馈，利用反馈创造新的设计草图。比方说，有一个人抱怨称鬼冢虎的平底运动鞋缓冲不够好，他想要参加波士顿马拉松，但觉得穿鬼冢虎不可能跑完42公里，所以约翰逊就雇了一个本地的鞋匠把一双浴室拖鞋的橡胶鞋底移植到鬼冢虎的鞋底里。瞧，约翰逊自由创造的鞋底有着先进的全掌中底缓冲，今天所有跑者的训练鞋都采用这种标准。这种约翰逊随意摆弄的鞋底支撑力强、柔软、新颖，所以这个消费者在波士顿马拉松里甚至取得了个人最好成绩。约翰逊向我汇报结果，并且敦促我把结果交给鬼冢公司。鲍尔曼也正好在几周前让我把他的一系列笔记发送过去。我心想，天哪，又来了一个疯狂的天才。

我会不时按照个人想法致信警告约翰逊他的笔友太多了。蓝带体育公司只能在13个西部州开展业务，而一号全职员工却没有意识到这一点。约翰逊的消费者遍布37个州，包括整个东部海岸，也就是东海岸牛仔所负责地区的核心。东海岸牛仔对自己所主导的地区没有采取任何措施，所以约翰逊的入侵似乎毫无影响，但我们也不想给他雪上加霜。

我也始终没有抽空告诉约翰逊我的担忧。与以往一样，我什么都没有说。

我坚信如果人们
每天外出跑上几公里，
世界就会变得
更美好。

I BELIEVED THAT
IF PEOPLE GOT OUT AND
RAN A FEW MILES
EVERY DAY,
THE WORLD WOULD BE
A BETTER PLACE.

蓝带的新总部

夏季伊始,我觉得父母的地下室的大小已经不足以作为蓝带体育公司的总部,而我的房间也不够大,所以就在市中心一栋崭新的、整洁的大楼里租了一个只有一间卧室的公寓。租金是200美元,似乎相当高,不过总体很不错。我还租了一些基本家具——桌椅、双人床、橄榄木沙发,并且尝试将它们摆放得更体现自己的风格。虽然可能不太搭,不过我不在意,毕竟我真正的家具是鞋子。我的第一个单身公寓就这样满满当当地放着鞋子。

我恶趣味地想着自己不把新地址告诉约翰逊,不过还是没有这么做。

毋庸置疑,我的新邮箱开始填满信件,来信地址:加利福尼亚州锡尔滩492号邮政信箱,邮编90740。

我还是一封都没回。

出售3 250双鞋,开建第一家零售店

之后,约翰逊寄来两封我无法忽视的信。第一封说他也在搬家,他和自己的新婚妻子离婚了,计划仍定居于锡尔滩,不过要租一间小的单身公寓。

几天之后,他又写信说自己出了车祸。

那天清晨,在圣贝纳迪诺(San Bernardino)的北部,他在前往参加公路赛的路上,打算在参加跑步的同时出售自己的鬼冢虎鞋,但因为疲劳在车上睡着了,醒来时发现自己和自己的

1956年大众甲壳虫被撞翻悬空了。他撞开分隔物，滚动着逃离汽车，不久汽车就180度翻转滚落路堤。在约翰逊最后停止翻滚时，他正好后背朝下，面向天空，他的锁骨、双脚和头盖骨都出现断裂。

他说，实际上，他的脑壳都裂了。

更糟糕的是，刚刚离婚的他没有一人可以在康复期间照顾他。

可怜的约翰逊，他现在悲惨极了。

虽然遭遇一系列灾难，但约翰逊还是保持着乐观的心态。他在后面的一系列信件中跟我保证说他肯定会努力履行自己所有的职责，会拖着病体在新公寓里填写订单、寄送鞋子、及时与所有客户通信。一个朋友会给他送信，所以我不用担心。492号邮箱仍然没有停止运行。然后，他补充道，因为他现在需要解决生活费、赡养费和无法估计的医疗费用问题，所以需要了解蓝带体育公司的长期前景，他问我是如何看待未来的。

我没有撒谎……准确而言。可能是出于惋惜，可能是因为约翰逊那种单身、孤独、浑身裹着纱布还要努力保住工作、保证公司运营的形象萦绕在我的心头，我的语调听起来相当乐观。我说，蓝带体育公司可能在几年后转型为综合体育用品公司，我们可能会在西海岸建立办事处，甚至有一天会在日本建立办事处。"虽然遥远，"我写道，"但似乎值得为之努力。"

这最后一句完全没有一丝虚假。值得为之努力。如果蓝带体育公司倒闭，我将一贫如洗，我的一切都可能会被粉碎。但我也将收获某些宝贵的智慧，可以用在下一次创业中。智慧似乎是无形的资产，但资产都是一样的，是充分的理由值得为之冒险。创业就是唯一让生活中的其他风险——婚姻、财富、地位，变成更有可能的事情。但我希望在我失败的时候，如果我失败的话，我可以迅速结束败局，这样就有足够的时间来整理所有来之不易的经验教训。我不会经常设定目标，但这个目标每天都盘旋在我的脑海里，直到成为我内心的颂歌：迅速结束败局。

在信的结尾处，我告诉约翰逊如果他可以在1966年6月底前出售3 250双鞋（据我计算是完全不可能的），我就授权他开建他始终劝说我开业的零售门店。我甚至在末尾放上附录，表明我清楚他会全身心投入其中。我提醒他，如果在相当短的时间内卖掉足够多的鞋子，说不定就要与会计师聊一聊了，因为届时需要考虑所得税的问题。

他回信讽刺地感谢我的纳税建议，但称自己不会缴税，"因为总收入是1 209美元，而总支出却是1 245美元。"他说。他告诉我，他的腿断了，心也碎了，而且已经身无分文，请求我给他一点鼓励。

但我没有。

全世界第一个跑者圣地

不知使用了何种办法，约翰逊达成了我给的目标。在6月底，他顺利卖出3 250双鞋，而且身体也已经痊愈。所以，他坚持要我履行协议。在劳工节前，他在圣莫尼卡（Santa Monica）的皮科大街（Pico Boulevard）3107号租了一个小的零售店铺，我们的第一家零售店铺顺理成章地开业了。

他随后打算把店铺打造为所有跑者都心向往之的圣地。他购买可以找到的和买得起的（来自庭院旧货拍卖）最舒服的椅子，为跑者打造适合闲逛和交流的最美空间，书架上摆满每个跑者都可以阅读的图书，其中不少都是他自己珍藏的初版图书，墙上都是各种脚穿鬼冢虎的运动员照片。他还贮存了一批T恤，胸前丝网印制了鬼冢虎标志，这些都是为最好的客户准备的。此外，他把鬼冢虎鞋子展示在黑色涂漆墙面上，以灯光照射展示，这相当时髦。全球没有一个地方有过这样一个专为跑者打造的庇护所，一个不仅出售跑鞋，还颂扬跑者和跑鞋的地方。约翰逊，受跑者们敬仰、志向远大的领袖，终于创建了自己的"教堂"。店铺的营业时间是周一到周六，上午9点到下午6点。

在他第一次写信讲述关于商店的事情时，我想起了自己在亚洲见到的寺庙和神社，我急切地想看一下约翰逊是如何做的，不过我没有时间在此耗费心思。除了要在普华会计师事务所工作，与海斯的社交活动外，所有晚上和周末的时间都要用来处理与蓝带体育公司相关的细节事务，每个月还要在后备队服役14个小时，我忙得晕头转向。

之后约翰逊给我寄来一封重要信件，让我别无选择，只能赶飞机前去处理。

长岛"告密者"的来信

约翰逊的笔友客户那时已经达到上百个,其中一个在长岛的高中生写信无意透露出某些令人不安的消息。那个孩子说自己的田径教练近期在谈论从其他地方购买鬼冢虎鞋……好像是某个在谷溪、马萨佩卡或曼哈塞特的摔跤教练。

东海岸牛仔再次回归,他甚至会在《田径》杂志(Track and Field)新发行的期刊中刊登全国性的广告。在约翰逊忙着在东海岸牛仔的领地狩猎的同时,东海岸牛仔也把狩猎目标转向我们的地区。约翰逊的所有基本工作都相当出色,已经建立起庞大的消费者基础,他通过辛勤的努力和原始的营销手段推广着鬼冢虎,而如今东海岸牛仔却想要乘虚而入、渔翁得利?

我不确定自己为何要赶上下一班飞往洛杉矶的飞机,一切本可以电话解决。可能就像约翰逊的客户,我也需要一种社群归属感,即便这个社群只有两个人。

我们所做的第一件事就是沿着海滩进行一次长距离、惩罚般的跑步,然后两个人买了个比萨回到他的公寓。那是典型的男士公寓,可能还更夸张一点,空间小、光线不足、空无一物,让我回想起自己在全球旅行时住过的某些只有基本设施的招待所。

当然,整个公寓还是带有某些明显的约翰逊风格的,房间里到处都是鞋子。我本以为自己的公寓已经是满满当当地放着鞋了,没想到约翰逊基本上就是在跑鞋里生活的。几乎各个角落、各个表面都放着跑鞋及更多的跑鞋,它们多数都被拆解了。

剩下几个没有放鞋子的角落则放满了书，它们被堆放在自制的书架上。粗糙的木板放在煤渣砖块上，这就是他的书架，但约翰逊所读的都不是垃圾作品。他收藏的大部分书都是关于哲学、宗教、社会学、人类学和西方文学的经典著作。我觉得自己是热爱阅读的，而约翰逊可谓痴迷于阅读。

给我印象最深刻的莫过于整个房间弥散的诡异紫色光线，光源是一个284升的海鱼鱼缸。约翰逊在整理完沙发，给我腾出坐的空间后，就轻拍着鱼缸解释说，大多数刚离婚的男人喜欢外出见朋友，但他却喜欢在晚上去锡尔滩码头，寻找稀有的鱼类，并用一种捕鱼枪来捕捉它们，说着便拿出捕鱼枪在我的眼前摇晃，它的外观与第一代的真空吸尘器很相似。我问他如何操作，他说只需要把枪嘴放到浅水区，然后就可以把鱼吸到塑料管里，再到小鱼箱里，之后把鱼扔进自己的篮子里带回家就行了。

他已经顺利积攒了很多奇怪物种，比如海马、黑鮠，他骄傲自豪地向我展示着。他指着自己收藏的珍宝，一条名为"斯特雷奇"（Stretch）的小章鱼说："说到这一条，该给它喂食了。"

他抽出一个纸袋，从里面拿出一只活螃蟹。"过来，斯特雷奇。"他说着把螃蟹在鱼缸上面悬着摇晃，小章鱼毫不理会。约翰逊又把螃蟹放低一点，蟹钳抓在鱼缸铺满沙砾的底部，然而斯特雷奇仍然没有任何反应。"难道死了？"我问。"看着。"约翰逊说道。

螃蟹惊慌失措地左右爬动，试图寻找掩藏的地方，不过却无处可躲。斯特雷奇心知肚明，几分钟过后，斯特雷奇的底盘试探性地露出某物,貌似是触角或是触须,缓慢地朝着螃蟹张开,轻轻地触碰螃蟹的甲壳。发生了什么?"斯特雷奇刚刚对螃蟹注射毒液。"约翰逊笑得就像是个骄傲的父亲。我们望着螃蟹慢慢地停止爬动,最后一动不动。再之后,斯特雷奇绅士般地用触须裹住螃蟹四周,把它拖回自己的巢穴,也就是它自己在大石块下面的沙砾中挖的洞。

这就是一场病态的木偶剧,一场黑暗的歌舞伎表演,演出者就是无知的受害者和微型海怪——这难道是我们所面临的困境的预兆和象征?一个活物被另一个活物吞食?这就是自然,是优胜劣汰的选择,我不禁在想:这是否也会是蓝带体育公司与东海岸牛仔之间的故事。

我们后半夜一直坐在约翰逊的餐桌边,仔仔细细地读着长岛"告密者"的来信。他大声地朗读着,然后我再默不作声地读一遍,之后再讨论接下来到底应该做什么。

"你去日本一趟。"约翰逊说。

"什么?"

"你应该去一趟,"他说,"告诉他们我们所做的工作,要求获得你应有的权利,一次性干掉这个东海岸牛仔,一了百了。一旦他开始销售跑鞋,一旦他真的开始,就不会停下来的。我们要是不能马上说明立场,就死定了。"

我说,我刚从日本回来,而且我也没钱再去一趟。我所有的积蓄都投到蓝带体育公司里,而且我也不可能再找华莱士贷款,只要一想到找他贷款,我就觉得浑身不舒服。此外,我也没有时间。普华每年会有两周的休假,用来在后备队服役,而我的确需要服役,然后他们会再额外提供一周休假,但我已经用完这一周假期。

最重要的是,我告诉约翰逊:"这不会有任何作用,东海岸牛仔与鬼冢的关系比我更牢固亲密。"

约翰逊却没有任何畏惧地取出自己的打字机,也就是那台折磨我的打字机,开始起草我们可以提供给鬼冢高管用来证明一切的笔记、想法和名单。在斯特雷奇进食结束后,我们两人还在大口地吃着比萨,谈论到深夜。

第二天下午,我回到俄勒冈,径直找到普华办事处经理。"我要请两周假。"我说。

他放下手头的文件,抬头盯着我,时间漫长得就像在地狱一般,我差点儿以为自己就要烈火焚身了。不过,他清清嗓子,含糊地说着什么,好像是在说:"奇怪。"我没法听清每个词,不过他似乎在思考,从我急迫、含糊的表现看,他似乎觉得我陷入了某个特别糟糕的困境。

我后退一步,准备为自己辩驳,不过最后还是决定闭口不谈。随便他怎么想,只要允许我请假就行。

一只手抚过稀疏的头发,他叹口气说:"去吧,祝你好运。希望一切顺利。"

东海岸牛仔出局

我用信用卡买了一张机票，12 个月分期偿还。与上一次去日本不同的是，这次我提前发电报通知鬼冢的相关高管我要来日本，想要与相关人员会面。

他们回电表示：没有问题。

接着，他们又表示我将无法见到森本先生。我想，他要么是被炒鱿鱼了，要么就是去世了。电报上说，现在已有新的出口经理。

他的名字是北见。

似曾相识的感觉扑面而来，我再次登上飞往日本的航班，再次阅读、记忆《如何与日本人做生意》的内容，再次乘火车前往神户，入住新港酒店后，在房间里来回踱步。

随后，我立即搭出租车前往鬼冢公司。本以为我们还会在同一间会议室会面，但实际并非如此。我上一次来之后，他们又改建了某些地方。新的会议室更井然有序，空间也更大，不同于以前的布质座椅，现在采用的是皮质座椅，而且桌子也更长了，使人耳目一新，却丧失了某些熟悉感。我觉得有些茫然、害怕，就像在俄勒冈州为某次比赛做准备，结果最后一刻才知道比赛搬到洛杉矶纪念体育场一样。

一个男人走进会议室，向我伸出手，他就是北见。他的黑色皮鞋擦得锃亮，头发也梳得一丝不苟，乌黑的头发全部往后梳，没有一丝凌乱。他与森本是截然不同的，后者看起来总是丝毫不考虑穿着搭配。北见严谨的外表让我有些却步，但他突然对我露出温暖、和善的笑容，客气地让我坐下，让我放松地与他聊聊为何来日本。此时，我清楚地感觉到虽然他的外表成熟老练，但实际对自己也没有信心。毕竟，他从事的是一项全新的工作，他还没有太多的——净资产，这个词蓦然跳入我的脑海中。

我同样也想到，自己对北见而言也有相当高的价值。我不是个大客户，但也不算是小客户。地理位置代表一切。我是在美国销售鬼冢虎，而美国市场对鬼冢虎的未来至关重要。可能，只是可能，北见还不想失去我这个客户。可能他希望等到所有业务都过渡到东海岸牛仔那里后再放弃我。目前而言，我还是一项资产，我有信用，意味着我手里的牌可能要比我想象的更好。

北见的英语水平比森本更高，但口音更重，当我们谈论我的航行、气候、销售的问题时，我花了几分钟才适应。不久其他管理人员陆续进入会议室，围着会议桌一一入座。最后，北见往后一靠。"可以开始了……"他说着停了一下。"鬼冢先生呢？"我问。"鬼冢先生今天无法参会。"他说。

糟糕，我本希望可以引起鬼冢先生对我的兴趣，更何况他跟鲍尔曼的关系很好。一切都成了泡影。在没有任何联盟的情况下，我独自一人陷入不熟悉的会议室里，我只能埋头前进。

我告诉北见和其他高管，蓝带体育公司目前的业绩表现相当出色。我们所有进货都销售一空，而且也在建立强大的消费者群体，我们预计会有稳定的上升空间。我们在 1966 年的销售额达到 44 000 美元，预计在 1967 年会达到 84 000 美元。我描述了在圣莫尼卡新开的零售店铺，介绍了为了更美好的未来而开设其他店铺的计划。之后我切入主题表示："我们非常希望成为鬼冢虎田径系列在美国的唯一经销商，而且我觉得这么做对鬼冢虎也有百利而无一害。"

我甚至都没有提及东海岸牛仔。

我环顾四周。众人表情冷漠，以北见最为突出，他简单地表示这是不可能的。鬼冢希望美国的经销商是一家规模更大、名声更响、可以处理大量事务的公司，一家在东海岸建有办事处的公司。

"但是，但是，"我急忙表示，"蓝带体育公司在东海岸的确有办事处啊。"

北见靠回椅子："噢？"

"没错，"我说，"我们在东海岸、西海岸都有办事处，而且不久就会在中西部新建办事处。我们可以处理全国的经销业务，这点没有任何问题。"我再次环顾四周，众人冷漠的表情总算出现一丝松动。

"好吧，"北见说道，"我们需要重新考虑一下。"
他向我保证会仔细考虑我的提议，所以会议暂时延期。

我走回酒店之后，又是一夜无眠地来回踱步。第二天一早发生的第一件事就是接到了请我返回鬼冢公司的电话，北见将在公司授予我在美国的独家经销权。

他与我签订了三年的合同。

在签署文件和追加订购 5 000 双鞋的时候，我努力地克制自己的情绪，尽量让自己不要表现得太过喜形于色。那些鞋至少需要 20 000 美元，而我根本没有。北见表示他会把鞋运到我在东海岸的办事处，而我当时也没有这个办事处。

我承诺会发电报把准确的收货地址给他。

在东海岸开一个办事处，我该找谁

在回程的航班上，我望着窗外太平洋上方的云层，心思却回到当时坐在富士山山顶的时刻。我好奇萨拉在得知我这次的意外胜利后会怎么想我，我好奇东海岸牛仔在收到鬼冢公司的通知表示他已出局后又会有怎样的想法。

我把那本《如何与日本人做生意》收起来，在行李箱里装满各种纪念品：为妈妈、妹妹及哈特菲尔德奶奶买的和服，以及一把可以挂在桌子上方的小武士刀。还有我的最高荣誉———台小的日本电视，这是我的战利品，我想着默默露出笑容。但在太平洋彼岸的某处，"胜利"的沉重代价也随之而来。我想象着在请求华莱士为这笔巨额新订单批准贷款时他脸上的表情。如果他拒绝，在他拒绝的时候，我该怎么办？

另一方面，即便他同意，我又该如何在东海岸设立一个办事处？在那些鞋子到达美国前我该如何达成此事？我又该找谁来负责？

我望着弯曲、炽热的地平线，觉得全世界只有一人足够了无牵挂、精力充沛、志向远大、无限疯狂地愿意一经通知就搬去东海岸，而且会在鞋子到达前准备好一切。

不过，我好奇的是斯特雷奇会不会喜欢大西洋呢。

蓝带挺进东岸

在任何情况下,我都轻视他们,厌倦自己每天抬头仰望认为他们遥不可及的那段时光。我不愿再想我的宿命就是永远都无法超越他们。

不过,让约翰逊去东海岸这件事我处理得不太好,甚至是差到极点。因为清楚他的反应,当然也因为害怕他的反应,我没有把整个故事告诉约翰逊。我给他发信表示与鬼冢公司的会面一切顺利,我保住了我们的全国经销权。但我也只谈到了这一点,我觉得自己必须留点希望,我潜意识里觉得自己可能能够招聘到某个人去东部,或者华莱士可能会毁掉整个计划。

而实际上，我的确招到了另一个人，当然，他之前也是长跑运动员。但就在他同意前往东海岸的几天后就改变主意放弃了这份工作。所以，在经历无可奈何、心烦意乱，深陷焦虑和延误的恐慌泥沼中后，我选择更简单的解决方法，让某个人接替约翰逊在圣莫尼卡的零售店的工作。我找到约翰·博克（John Bork），洛杉矶的一个高中径赛教练，也是一个朋友的朋友。他相当感兴趣，表现出极大的热情。

但我如何能够知道他那么急切呢？他第二天就出现在约翰逊的零售店，宣布自己是新老板。"新——什么？"约翰逊问。

"我是来接替你的，你需要去东部。"博克说道。

"我要去——哪里？"约翰逊说着拿起了电话。

我处理那番对话的方式也不恰当。我告诉约翰逊："哈哈，伙计，我正要打电话通知你呢。"我说我相当抱歉，没想到他会以这样奇怪的方式得到这个消息，然后解释称自己被迫欺骗鬼冢公司，声称我们已经在东海岸建有办事处。所以，我们必须解决这个困境。鞋子不久就会通过海运寄送到美国，货量相当大。除了约翰逊，没有人可以在建立办事处的同时处理这批货物。蓝带体育公司的命运将落在他的身上。

约翰逊目瞪口呆，之后就愤怒狂躁了。所有一切都发生在短短一分钟内，所以我即刻搭飞机南下去店里看他。

"好吧,波士顿,我来了。"

他告诉我他不想去东海岸,他喜欢加利福尼亚,打算一生都住在这里。我清楚,他在加利福尼亚可以全年跑步,跑步就是约翰逊的一切。他要如何在东部寒冷的冬季坚持跑步呢?何况,那里的冬季还如此漫长。

但他的态度很快就变了。我们站在零售店,也就是他的运动鞋圣殿的中央,他用勉强能听清的音量小声承认这是蓝带体育公司生死存亡的紧要关头,而他已经为蓝带体育公司投入了大量的资金、情感和精力。他承认除了他没有人可以建立起东海岸办事处。我一言不发地等待。

我继续等待。

"好吧,"他最终表示,"我会过去。"

"太棒了,真是太棒了!谢谢你。"

"但具体在哪里?"

"什么哪里?"

"你希望我去吗?"

"啊,当然。东海岸任何有港口的地方都可以,但别去缅因州的波特兰。"

"为什么?"

"一家公司位于两个不同的波特兰?那会把日本那边搞糊涂的。"

我们经过讨论提出更多选择,最终确定纽约和波士顿是最理想的地方,特别是波士顿。"这里的订单是最多的。"我们中的某

个人说。

"好吧,"他说,"波士顿,我来了。"

之后,我交给他一堆波士顿的旅游手册,打算活跃一下沉闷的气氛,虽然有点笨拙,但我已经别无选择。

他问我,怎么正好带着这些手册,我说我知道你会做出正确的决定。

他大笑起来。

约翰逊表现出的谅解、善良的性格让我充满感激,不仅更喜欢他了,而且对他的忠诚度也加深了。我后悔之前那样对他,对那些没有回复的信件感到羞愧。我觉得将来我会有更多的团队成员,但约翰逊却只有一个。

一号全职员工发动"叛变"

结果,让我没想到的是,约翰逊竟然威胁我要退出。

当然,还是通过信件。"我觉得我才是目前蓝带体育公司取得的成功的最大功臣,"他写道,"而且至少在未来两年内也会是如此。"

所以,他给我下了两个最后通牒。

1. 让他成为蓝带体育公司的正式合伙人。
2. 将他的月薪提高至 600 美元,再加售出运动鞋中超出 6 000 双部分的全部利润的三分之一。

"否则,"他说,"只能再见。"

我致电鲍尔曼,跟他说我们的一号全职员工发动的"叛变"。鲍尔曼一言不发地听我讲完一切后,考虑各方面因素、对比利弊后做出"判决":我们的决定要基于一点,那就是"谁需要他"。

我意识到我需要约翰逊。可能存在安抚约翰逊和给他公司股份之间的折中方法,但在我们更进一步地详细讨论时,发现根本就行不通。鲍尔曼和我都不想放弃任何公司股份,所以即便我想要接受约翰逊的最后通牒,也不可能。

我飞到约翰逊父母所在的帕洛阿尔托(Palo Alto),当时他正在父母家,然后询问他是否可以详谈一番。约翰逊表示他希望自己的父亲欧文(Owen)也加入谈话,会谈就在欧文的办公室里进行。我随即就为他们父子间的相似性所震惊,两人不仅外貌和声音相似,甚至不少特殊习惯都一样,不过也仅限于此而已。从一开始,欧文就激动地大声发表意见,我可以感觉到他才是这次"叛乱"的怂恿者。

欧文是一个销售员,销售的是录音设备,而且业绩相当不错。就像多数的销售员那样,生活于他而言就是一次长期的谈判,而他乐在其中。换句话说,他与我截然相反。我以为我们可以开始了,结果没想到却冒出了另一个完美的谈判者。何时才会结束呢?

谈判开头,欧文就援引自己的儿子为蓝带体育公司所付出的一切,坚称他的儿子才是蓝带体育公司仍然存在的主要功臣。我点头让他继续发表他的意见,克制自己不要与坐在旁边的约翰逊进行任何眼神交流。我好奇他们是否早已预演好一切,就像在上

一次去日本前约翰逊和我预演我的演讲一样。在欧文结束讲话时，也就是在他说到，考虑到相关事实，他的儿子显然应该成为蓝带体育公司的正式合伙人时，我清了清嗓子，承认约翰逊是个精力充沛之人，而且他的工作是至关重要、宝贵至极的。随后，我加快语速："关键的事实在于，虽然我们的销量达到了4万美元，但实际负债更多。这笔生意根本没多少利润，我们是在为了一个根本不存在的蛋糕争个不停。"

此外，我跟欧文坦白，鲍尔曼不愿意出让任何他在蓝带体育公司里的股份，所以我也不能出让我的。如果我出让自己手里的股份，就意味着我要让出自己一手打造的公司的控制权。这点绝对不可行。

我提出自己的方案，我可以将约翰逊的月薪提高50美元。

欧文盯着我一动不动，那种尖锐、强硬的眼神是在数次激烈的谈判中才能练就的。他在等着我屈服，提高我的报价，但于我而言这是生命中需要权衡的关键，因为我已无法再提供任何东西。"要么接受，要么放弃"就像是四张相同点数的牌，不会轻易输掉。

最终，欧文把目光转向自己的儿子，我想我们俩最初就清楚约翰逊才是解决这一切问题的关键。我望着约翰逊的表情，可以体会到他内心的挣扎。他不想接受我的还价，但也不想退出。他喜欢蓝带体育公司，他需要蓝带体育公司，他把蓝带体育公司看作全世界唯一适合他的地方，是与吞噬同一代多数校友和朋友的公司流沙所不同的唯一选择。他曾无数次向我抱怨我们沟通太少，但实际正是我这种放任自由的管理风格造就、锻炼了他的能力，他不可能在其他地方获得这样的自主权。几秒后，他伸出自己的手。"成交。"他说。"成交。"我说着握住他的手。

我们在达成新协议后又一起跑了10公里，如果没记错的话，赢的人是我。

俄勒冈州的男人

随着约翰逊前往东海岸赴任，博克接手管理零售店，我也忙于寻找适合的员工。随后，我接到鲍尔曼的电话，他要我再增加一个人，这个人之前也是他的田径运动员——杰夫·霍利斯特（Geoff Hollister）。

我跟霍利斯特一起出去吃了个汉堡，我们相处愉快，甚至在我伸进口袋发现自己没钱付账时，他也毫无畏惧地表示希望达成合作。所以我聘请他在州内销售鬼冢虎，他成了公司的三号全职员工。

不久，鲍尔曼又打电话表示希望我再聘用一个人。他怎么能在几个月的时间里就要我把工作人员数量扩大到原来的4倍？难不成我的老教练觉得我是通用汽车吗？我本来还犹豫不决，但随后鲍尔曼说出了应聘者的姓名。

鲍勃·伍德尔（Bob Woodell）。

毫无疑问，我听过这个名字，俄勒冈的每个人都听过。伍德尔是鲍尔曼1965年所带队伍中的佼佼者，虽然不是明星，但却是个勇敢坚强、积极努力的竞赛者。在俄勒冈三年来第二次卫冕全国冠军的比赛中，伍德尔就像一匹黑马，赢得了与可怕的加利福尼亚大学洛杉矶分校的跳远比赛。我当时就在那里，亲眼见证他的成功，那一刻的情景让我久久不能忘怀。

比赛第二天，电视台都争相报道。但没想到，在俄勒冈的母亲节庆祝活动上，他却意外遭遇事故。伍德尔和20名兄弟会成员当时正抬着花车沿着流经校区的米尔瑞斯河（Millrace）南下，他们本打算把花车翻过来，结果有人脚下打滑，有人就松了手，还有人干脆放开不顾了。大家都尖叫着四散跑开，花车即刻摔得四分五裂，而伍德尔就被困在了下面，他的第一节腰椎被砸断，几乎没有可能再次行走。

鲍尔曼之前在海沃德田径场组织过一次比赛，旨在为伍德尔筹集医疗费，而如今他面临的任务是为伍德尔找一份合适的工作。他说，这个可怜的孩子现在经常坐在轮椅里，在父母的家里盯着墙壁发呆。伍德尔之前试探性地询问可否担任鲍尔曼的助理教练，但鲍尔曼对我说："我不觉得这样会有任何帮助，巴克，说不定他可以为蓝带体育公司做些什么。"

我挂断电话之后就去联络伍德尔，差点儿对他说出自己对他的事故深感遗憾之类的话，所幸我克制住了自己。我不确定这件事是否适合说出来，我的脑海中划过好多事情，但每件似乎都不太适合拿出来说。我从没有像这样不知道该说些什么，并且可能我后面都始终是这种状态。面对一个突然连走路都是奢侈的田径明星，你又该说什么呢？我决定只谈公事，不聊私事。我解释称鲍尔曼向我推荐他，我的新公司可以为他提供一份工作。我提议两人一起共进午餐。"没问题。"他说。

我们第二天在波特兰西郊比弗顿市区的一家三明治店见面。伍德尔是自己开车过来的，他已经学会使用水星美洲狮，那是一款手动挡的特殊车辆。实际上他比约定的时间更早抵达，而我却晚了15分钟。

如果不是因为他的轮椅，我都不知道自己在走进去的那一刻会不会认出伍德尔。我之前曾与他见过一面，在电视上也多次见过他，但经过重重苦难和手术治疗，他已经瘦得不成人形。因为体重减少了近27公斤，他天生立体的五官如今更是像削尖的铅笔一样深刻。不过，他的头发还是那样乌黑，而且明显自然卷曲，望着就像是我之前在希腊乡村某处见过的赫尔墨斯。他的眼睛也是黑色的，闪烁着冷酷、精明的光芒，也许还有悲伤，与约翰逊的完全不同。无论如何，那是一双具有迷人魅力、讨人喜欢的眼睛。我为自己的迟到深感抱歉。

午餐本应是一次面试，但面试的部分不过是形式而已，我们都清楚这一点，俄勒冈人肯定会照顾自己人。幸运的是，除了忠诚外，我们也志趣相投。我们彼此聊得相当开心，多数是关于鲍尔曼的，怀念鲍尔曼"折磨"运动员的不同方式。表面上，那是为了塑造运动员的坚强品格，比方说在炉子里把钥匙加热，然后在桑拿房把加热的钥匙按到运动员赤裸的身上，我们两人都是"受害者"。没多久，我就觉得即便伍德尔是个陌生人，我也愿意为他提供一份工作。所幸他恰好是我所喜欢的那类人。我不确定蓝带体育公司的定位，或者蓝带体育公司是否会打出一片天地，不过不论蓝带体育公司之前或未来会有怎样的发展，我都希望会有这个男人的精神在里面。

我为他提供的工作是负责在尤金的俄勒冈大学的校外开设第二家零售店，月薪是 400 美元。谢天谢地，他没有讨价还价。如果他要 4 000 美元一个月，我可能就要想想办法了。

"成交？"我说。"成交。"他说。他伸手握着我的手，我仍然可以感觉到他作为运动员的强大力量。

在结账时，我大方地表示我来请客，结果掏出钱包却发现里面空空如也，于是只好问蓝带的四号全职员工是否可以代付，到发工资的时候再一并给他。

"是谁踢走了阿兹特克人？"

鲍尔曼虽然没有继续给我推荐新员工，但却给我送来了最新的实验结果。在 1966 年，他发现 Spring Up 的外底会像黄油一样融化，而中底却依旧相当牢固，所以他希望鬼冢公司可以保留 Spring Up 的中底，但外底采用 Limber Up 的材质，进而创造出最终版的长跑训练鞋。1967 年，鬼冢公司寄来原型，结果令人惊艳。除了极致的缓冲功能和流畅的线条外，这款鞋完全就是未来的杰作。

针对这双鞋的名称，鬼冢希望征求我们的意见。鲍尔曼喜欢

"阿兹特克"（Aztec），向1968年奥运会（在墨西哥城举行）致敬。我也喜欢这个词。鬼冢方面没有任何反对意见，所以阿兹特克应运而生。

然后，阿迪达斯却威胁要起诉我们。阿迪达斯有一款新的田径钉鞋名为"阿兹特克黄金"（Azteca Gold），计划在同一届奥运会期间推出。之前没有任何人听说过这款鞋，但却毫不妨碍阿迪达斯起哄滋事。

愤怒之下，我驱车前往鲍尔曼家把事情从头到尾说了一遍。我们坐在宽敞的门廊中，望着下方的河流在日光下闪闪发光，就像是根银色的鞋带。他摘下球帽，又再次戴上，摩挲着自己的脸颊。

他问："是谁战胜了阿兹特克人？"

"科尔特斯（Cortez）。"我说。

他笑着说："好的，我们的鞋就叫'Cortez'。"①

我似乎没有任何可能追上任何一个"怪物"

那时的我以一种不健康的态度蔑视着阿迪达斯，或许那是一种健康的态度。一个德国公司控制运动鞋市场数十年，彰显出不可挑战的主导性。当然，可能对方根本没有高傲自大，但我却鼓励自己把他们看作怪物。在任何情况下，我都轻视他们，厌倦自

---

① 阿兹特克是14—16世纪存在于墨西哥的古文明，1520年左右遭到西班牙人科尔特斯领军入侵，其领土很快被占领。——编者注

己每天抬头仰望认为他们遥不可及的那段时光。我不愿再想我的宿命就是永远都无法超越他们。

这种情况使我想起吉姆·格雷尔（Jim Grelle）。在高中时，大家叫他格雷拉（Grella）或大猩猩（Gorilla），他是俄勒冈跑步速度最快的，而我是第二，也就是说4年里我都只能屈居其后。结果，我们都去了俄勒冈大学，所以他对我的"暴政"还没有结束。在我毕业的时候，曾希望自己永远不要再望着格雷尔的后背奋力追赶。几年后，格雷尔在莫斯科的列宁体育场①赢得1 500米比赛时，我却穿着军装坐在刘易斯堡休息室的长椅上。我一拳敲在屏幕上，既为自己的同乡感到骄傲，也为了遗忘某些他超越我的记忆。如今，我开始把阿迪达斯看作第二个格雷尔。追赶他们，在法律上受制于他们，让我莫名地恼火。不过，这也成为我不懈努力的动力。

再一次，在我不切实际地幻想着打败无上的对手时，我得到了鲍尔曼的指导。再一次，他竭尽所能地帮我取得了胜利。我经常会想起他以往在赛前的讲话，特别是在我们与"宿敌"俄勒冈州立大学的比赛前。我会回放鲍尔曼那史诗般的演讲，听他告诉我们俄勒冈州立大学不是简单的对手，打败南加利福尼亚大学和加利福尼亚大学固然关键，但打败俄勒冈州立大学却（停顿）有所不同。哪怕是近60年后，他那番言辞、那种语调也会让我激动不已。没有人可以像鲍尔曼那样让你热血沸腾，哪怕他的语调一如既往。他清楚如何用稍稍夸张的语调演讲，狡

---

① 列宁体育场在1991年改名为"卢日尼基体育场"。——编者注

猾地插入惊叹的语气,就像突然把滚烫的钥匙按在我们身上一样。

有时我也会回想自己第一次在更衣室见到鲍尔曼发放新鞋的场景,这仿若会给我更大的鼓励。在他走向我时,我甚至都不确定我会加入校队。我只是个大一新生,尚未证明自己的能力,技巧也有待完善,但他直接把一双新的钉鞋扔到我怀里。"奈特。"他说。就这么一句,只有我的名字,没有多一个词。我低头望着鞋子,俄勒冈标志性的绿色搭配黄色条纹,绝对是我见过最使人激动的东西。我怀抱着鞋子,然后把它们带回房间,小心翼翼地放在书架顶层。我记得自己还把鹅颈台灯放在上面。

当然,那双鞋是阿迪达斯的。

在1967年年末,鲍尔曼还鼓励过除我之外的更多人。他不停在谈论的那本书,那本关于慢跑的书已经完成,而且已经上市销售。虽然只有薄薄的100多页,《慢跑》(*Jogging*)却在向全国"传道",它是一本之前鲜见的关于身体锻炼的"福音书"。美国多数人都喜欢窝在沙发上一动不动,而这本书多多少少激起了大众的关注,不仅出售了一百多万本,而且激起了一阵民众运动的潮流,改变了"跑步"这个词的真正内涵。不久,多亏鲍尔曼和他的著作,跑步不再是怪胎的专属运动,也不再是一种邪典爱好,而是几乎变得——相当酷?

我为他感到高兴,当然也为蓝带体育公司感到高兴。他的畅销作品显然会增加我们的知名度,推动我们的销量。之后我就坐下细细品读,心却猛地一沉。

懦夫从不启程，
弱者死于路中，
只剩我们前行。

THE COWARDS NEVER STARTED, AND THE WEAK DIED ALONG THE WAY— THAT LEAVES US.

在他讨论适合的装备时，鲍尔曼给出的建议都是常识性的，而后就是某些混淆不清的推荐。在讨论外胫夹（shin splints）时，他表示选择正确的鞋子相当关键，但几乎任何鞋子都可以。"可能你穿着做园艺工作或是在家附近散步的鞋子也有不错的效果。"

什么？

在谈及运动服时，鲍尔曼告诉读者适当的服装"可能有助于提高个人精神状态"，但补充表示人们不必过度关注品牌。

可能他觉得这点对普通慢跑者而言是适用的，与经过专业训练的运动员恰好相反，但难道真的有必要在书里这么说吗，而且是在我们努力打造品牌的时候？更主要的是，这点体现出的他对蓝带体育公司和我的真正态度是什么？如果任何鞋子都可以的话，那我们为什么要劳心劳力地出售鬼冢虎，为什么要努力东奔西走？

我那时努力追寻着阿迪达斯的脚步，但也始终在追寻鲍尔曼，企图得到他的认可。与以往一样，在1967年底我似乎没有任何可能追上其中一个的脚步。

总部办事处，每个月只要 50 美元

我们当年的收益达到了预期的结果——84 000 美元，这主要得益于鲍尔曼的 Cortez。我甚至都在期待下一次前往第一国民银行，华莱士最终肯定会妥协，松开钱包，甚至可能会在快速增长上有所妥协。

与此同时，我的公寓已然装不下蓝带体育公司。可能更准确地说，蓝带体育公司已经占领我的公寓，这里几乎跟约翰逊的单身公寓差不多了，唯一缺少的就是灯光和小章鱼。我无法继续拖延，急需找到一个适合的办公场所，所以就在小镇东边租了一间大房子。

房子里设施并不齐全，不过是简单的旧式办公室，高天花板、高窗户，某些窗户甚至已被打破或是无法关上，这意味着这个房间的恒温是 10 摄氏度左右。房子隔壁是人声鼎沸的"粉色巴克特"旅馆，每天下午 4 点唱片机就会准时"开嗓"。墙壁不隔音，你甚至可以听见第一张唱片被放上的声音，感受到之后每次激昂的音符。

不过，租金相当便宜，每个月只要 50 美元。

在我带着伍德尔过去的时候，他承认那里有某种魅力。伍德尔必须喜欢这里，因为我要把他从尤金的商店调到这个办事处。他已经在商店的运营中彰显了自己出色的能力，不论是组织管理还是无限精力，但在这个"总部办事处"他可以进一步大展拳脚。显然，他刚来就想出了窗户无法关上的解决方法，他把自己的一把旧标枪钩在窗闩上，猛地一推就把窗户给关上了。

我们没钱修理其他玻璃破碎的窗户，所以在天气真正寒冷的时候只能穿上毛衣。

与此同时，我在屋子中间建了一面胶合板墙，后面作为仓库，前面就是零售商店和办公室。我不太擅长手工，地板也不平整，所以墙面不是完全垂直的，从三米之外观察，它看上去波浪起伏。伍德尔和我决定就采用这样有趣的样式。

在一家办公用品二手店，我们买了三张破旧的桌子，一张给我，一张给伍德尔，另一张给"下一个蠢到愿意为我们工作的人"。我还建造了一面软木板墙，借用约翰逊在圣莫尼卡的某些装饰理念，在上面钉着不同的鬼冢虎模型。在远处的角落里，我为消费者建了一处适合试鞋的小座椅区。

某天下午 5 点 55 分的时候，一个高中孩子闲逛着进入办事处。他羞怯地说要看一看跑鞋。伍德尔和我望着彼此，又望了一眼时钟。虽然筋疲力尽，但我们不想放过每一笔交易。我们询问过这个孩子的足弓、步伐和生活习惯后，给他拿出几款不同的运动鞋让他试穿。他慢慢地系好鞋带在房间里走来走去，但每一双都说"不太合适"。下午 7 点，他说自己必须回家了，会好好"考虑一番"。他离开之后，伍德尔和我坐在空的鞋盒和散放的鞋子中间，彼此对望着，这难道就是我们建立运动鞋公司的方法？

在我逐渐把库存的运动鞋从公寓搬到新办事处后，我突然想到是不是就这样放弃公寓，搬到办事处会更好，因为我基本上都住在办事处。如果我不在普华挣租金，那我就肯定是在蓝带体育公司，反之亦然。至于洗澡问题，我会在健身房解决。

但我告诉自己，住在办公室是一种疯子的行为。

然后，我就收到约翰逊的信件，他说他现在住在新的办公室。

他把我们的东海岸办事处地址选在波士顿市郊的小镇韦尔斯利（Wellesley）。当然，他还随附一份手绘地图、一张草图，

以及更多我不需要的关于韦尔斯利的历史、地形图和气候状态的信息,还顺带说明他是如何选择这里的。

最初,他考虑的是纽约长岛。抵达那里后,他就与那个提醒他东海岸牛仔秘密阴谋的高中生相约见面。高中生开着车带约翰逊在城里转悠,让约翰逊意识到这里不是他的理想选择。他告别高中生后就一路开车北上,在抵达韦尔斯利后,就莫名被这里吸引。一路上不少人沿着安静的乡村街道跑步,多数都是女性,而且不少都是艾丽·麦古奥(Ali MacGraw)那种类型的,正好对约翰逊的胃口。他记得艾丽·麦古奥就曾在韦尔斯利学院就读。

然后,他了解到或者可能是记起了波士顿马拉松的路线正好穿过小镇。在那里,运动鞋销路不错。

他飞快地翻阅自己的卡片目录,找到当地一个客户,也是一个高中田径运动明星的地址。他开车来到这个孩子的家里,敲门之后却无人应答。孩子不在家,不过他的父母表示欢迎约翰逊来家里等。孩子回到家看到的就是,自己之前的运动鞋销售员正坐在餐桌上与全家人共进晚餐的场景。第二天,在一起外出跑步的过程中,约翰逊从孩子那里得到一份名单——当地教练、潜在客户、可能的联络人,还有一份他可能喜欢的社区名单。没过几天,他就找到并租下在殡仪馆后面的一幢小房子,声称这里就是蓝带体育公司的办事处,当然也是他的家。他想让我承担 200 块租金的一半。

在附录中,他说我还应该给他买点家具。
我没有回复他。

1968 改变一生的决定

Young Readers Edition

我告诉她我根本不想要为任何人打工。我想要建立属于自己的事业，未来可以自豪地指着自己打造的一切说：这是我做的。这也是我觉得让生命更有意义的唯一方式。

我一周六天都在普华工作，清晨、深夜、周末及节假日的时间都花在蓝带体育公司。我没有朋友，没有锻炼，没有社交生活，但却相当满足。我的生活已然失去平衡，这点毋庸置疑，但我不在乎。事实上，我希望更不平衡，或者达到另一种不平衡状态。我希望自己每一天的每一分、每一秒都投入到蓝带体育公司的工作之中。我从来都不是一个可以同时完成多项任务的人，目前也没有找到任何开始多项任务的理由。我始终都是

个注重当下的人。我希望时刻关注一个真正主要的任务。如果我的生活注定只有工作没有娱乐,那我希望可以把工作当作一种娱乐。我想离开普华,不是因为我讨厌这里,只是因为那样的我不是真正的我。

我想要每个人都在追求的东西——做自己,全身心地。

但这是不可能的,蓝带体育公司的经济状况无法支持我这么做。虽然公司已经步入正轨,连续第五年销售额翻番,但仍然无法支付其联合创始人的薪水。所以我决定妥协,找个不同的全职工作,一个可以支付我的账单,但所需时间更少的工作,可以让我有更多的时间投入到我心之所向的地方。

我唯一可以想到的,符合这项标准的工作就是老师,于是我向波特兰州立大学提交申请,得到了一份助理教授的工作,月薪为 700 美元。

我本应为自己离开普华感到高兴,但我在那里学到了太多东西,而且离开海斯也让我觉得难过。我对他说:"我要专注于我的运动鞋事业。"海斯皱着眉头,低声说着会想我或是欣赏我之类的话。

我问他以后的打算。他说会继续在普华干下去,减重 23 公斤,成为合伙人,这就是他的计划。我祝他好运。

作为正式离职的环节之一,我必须去找公司老板、高级合伙人科尔利·莱科利尔(Curly Leclerc)谈话。他谦虚有礼、不偏不倚、圆滑世故,"表演"着已经上演无数次的独角戏剧——离职面谈。他问我离开全球最好的会计师事务所之后打算做什么。我说打算自己创业，希望可以成功，同时计划在大学教授会计。

他盯着我，我有点背离他的脚本，而且差距还很大。"你到底为什么要做这样的事情？"

最终，真正困难的离职面谈来临了。我跟父亲说完我的打算之后，他也盯着我。他认为，我仍然在做鞋子的买卖就已经够糟糕的，但现在……这样的状况让他无法理解。教书不是件体面的事情，在波特兰州立大学教书更是彻彻底底的不体面。"我要怎么跟我的朋友们说呢？"他问道。

会计学老师遇见帕克斯小姐

学校给我安排了4门会计课，包括初级会计学。我花了几个小时准备、回顾基本概念，而随着秋季的临近，生活的平衡完全是按照我的计划转移的。我仍然没有我所想要的或蓝带体育公司所需要的所有时间，但至少会有更多时间。我走的路正是我觉得像是我的路，我不确定这条路会通往何方，但我已准备好找出属于自己的终点。

所以在1967年9月初开始的那个学期，我在第一天就对未来充满希望。不过，我的学生却并非如此。他们慢吞吞地进入教室，每个人的脸上都透出一股无聊的敌意。在之后的一个小时里，他们被困在这个恐怖的"笼子"里，被迫学习某些最枯燥的概念，而我就是"罪魁祸首"，也是他们发泄怒气的首选目标。他们皱着眉望着我，某些人甚至嗤笑起来。

人生就是要成长，
不成长就会被淘汰。

LIFE IS
GROWTH.
YOU GROW
OR
YOU DIE.

我感同身受，但也不会因为他们而自乱阵脚。穿着黑色西服，戴着细窄的灰色领带，站在讲台上的我多数情况下都是冷静自若的。我总是多少有点焦躁不安，有点神经紧张，而在那时候，我找到不少缓解紧张情绪的诀窍，比方说在手腕戴一些橡皮筋，紧张的时候就玩橡皮筋，用橡皮筋弹自己的皮肤。当我见到学生们就像是一群苦囚犯蹒跚地进入教室时，我可能会弹得很快、很重。

突然，一个年轻、夺目的女孩走进教室，在前排找到位置坐下。她有着及肩的金色长发，与同样及肩的金色圈状耳环相得益彰。我望着她，她也望着我，她那淡蓝色的眼睛在黑色眼线的衬托下如此明亮动人。

我联想到埃及艳后，又想到朱莉·克里斯蒂（Julie Christie，美国女演员）。我心想：天呐，没想到朱莉·克里斯蒂的小妹妹居然来听我的会计课。

我好奇她的年龄，猜测她可能还没有 20 岁。我一边玩着手上的橡皮筋，一边盯着她，但同时假装自己没有盯着。她太引人注目，让我根本无法移开眼睛，当然她也难以揣度。她如此年轻，又如此世俗。那些耳环相当嬉皮，而眼部妆容又相当时尚。这个女孩到底是谁？她这样坐在前排，我要如何才能集中注意力教书？

我开始点名，我至今仍然记得那些名字。"特鲁希略？"
"到。"
"皮特森？"

"到。"

"詹姆森?"

"到。"

"帕克斯?"

"到。"朱莉·克里斯蒂的小妹妹柔声答道。

我抬起头,对她微笑一下,她也回以微笑。我颤抖着在她的全名后面打了一个钩:佩内洛普·帕克斯(Penelope Parks)。佩内洛普,与奥德赛那忠诚的妻子的名字一样。

我对她一见钟情。

"你有没有想过做……一份……兼职?"

我决定采用苏格拉底式的教学方法。我猜自己当时是在模仿自己最喜欢的俄勒冈大学和斯坦福大学教授的方法。并且我仍然为希腊的所有事物沉醉,仍然迷恋自己在卫城的时光。但可能通过提问而不是填鸭,我也同样可以分散大家对我的注意力,强迫学生参与其中,特别是某些漂亮的学生。

"好吧,开始上课,"我说,"你们分别以一美元、两美元和三美元购买三个实际完全一样的工具,你以五美元出售其中一件,那么这件出售的工具成本是多少?销售的总利润又是多少?"

不少人举手,但遗憾的是帕克斯小姐不在其中。她低着头,显然比教授还要害羞。无奈之下,我只好叫起特鲁希略和皮特森。

"好的，"我说，"现在，特鲁希略先生以先入先出的方式记录自己的库存，总利润为四美元。而皮特森先生以后入先出的方式，总利润为两美元。所以……谁的业务情况更好？"

之后就是大家激烈的讨论，几乎每个人都参与其中，但帕克斯不在其中。我望着她，就这么望着，她一言不发，甚至都没有抬头。可能她不是害羞，我心想。可能她只是不够聪明。如果她不得不退出这堂课，或者我不得不让她挂科，那将是多么糟糕。

最初，我给学生讲授过所有会计的首要原则：资产等于负债加上所有者权益。我说，这个基本等式必须始终保持平衡。会计是解决问题的，而多数问题归根结底就是这个等式的某些不平衡。为了解决问题，就要保证等式平衡。我觉得说这些话有些虚伪，因为我自己的公司债务与所有者权益比例就已经达到 90 比 10。我不止一次不自然地想到，如果华莱士坐在我的课堂里会说什么。

我的学生明显在平衡这个等式方面的能力不及我，他们的作业论文枯燥乏味。当然，帕克斯小姐除外！她在第一次作业中表现突出。在之后的任务中，她逐渐变为全班最好的学生，虽然不是所有答案都对，但她的字迹清晰秀丽，就像日本书法一样。一个长得那么漂亮的女孩，她还如此聪明？

期中考试的时候她的成绩依旧是全班最高的，我不知道到底谁更高兴，是帕克斯小姐还是我本人。

在我把试卷发给学生后没多久，她就走到我的办公桌前询问

是否可以说几句话。"当然。"我说,手不自觉地伸到手腕的橡皮筋,狠狠地弹着。她问我能否做她的导师。我靠向椅子。"噢,"我说,"噢,我很荣幸。"

之后,我脱口而出:"你有没有想过做……一份……兼职?"

"什么?"

"我有一家小型运动鞋公司……嗯……作为副业。公司需要人来做记账工作。"

她怀抱着课本,调整一下位置,然后眨眨眼睛。"噢,"她说,"噢,好的,没问题。听起来……挺有意思。"

我给她的薪水是每小时两美元。她点头同意。成交。

几天之后,她来到办事处,最后那张桌子就是她的了。她坐下,把自己的手掌放在桌子上,环顾四周的桌子。"您希望我做些什么呢?"她问。

伍德尔交给她一系列事情——打字、记账、安排日程、整理库存、开具发票,然后告诉她每天挑其中的一两件做。

但她没有挑,而是把所有都做了,迅速而轻松。短短一周,伍德尔和我都觉得离开她就没法继续下去了。

宝贵的不仅是帕克斯小姐的工作质量,而且是她做事的那种积极态度。从第一天开始,她就全身心地投入,清楚地理解我们计划要做的、我们打算建立的。她觉得蓝带体育公司是与众不同的,可能会是一种特殊的存在,她希望尽自己所能提供帮助,事实也证明她的帮助相当大。

"这里应该没有其他人了吧。"我说。

"叮"，电梯门缓缓打开。

"噢，"她说，低头望着自己的双脚，"好的，可以，可以。"她飞快地跑进电梯，在门关上前，始终低着头盯着自己的双脚。

佩妮，改变一生的联盟

我带她去了俄勒冈动物园。我不清楚为什么，但我猜是我觉得在动物园里乱逛、看看动物应该是一种了解彼此的低调方式。同样，缅甸蟒、尼日利亚山羊、非洲鳄鱼，这些都让我有机会跟她分享自己之前的旅行，给她留下深刻印象。我觉得自己有必要谈论一下金字塔和胜利神庙。我还跟她讲述自己在加尔各答生病的过程，而在此之前，我从来没跟任何人详细地描述过那段可怕的经历。我不清楚自己为什么要告诉帕克斯小姐，可能是因为加尔各答的经历是我一生中最孤独的时刻，尽管那时我完全没有孤独的感觉。

我向她承认蓝带体育公司根基不稳，随时都可能功亏一篑，但我已经竭尽全力。我的运动鞋公司是一个有呼吸的生命体，是我从无到有一点点打造的。我赋予它生命，培养它茁壮成长，多次把它从死亡的边缘拉回来，而现在我想要也需要看到它自己站起来，走向全世界。"这么说有没有道理？"我说。

"嗯。"她说。

我们途经老虎和狮子园区，我告诉她我根本不想为任何人打工。我想建立属于自己的事业，未来可以自豪地指着自己打造的一切说：这是我做的。这也是我觉得让生命更有意义的唯一方式。"

她点头表示赞同，就像基本的会计原理一样，她本能地即刻就理解了我所说的要义。

我问她是否曾经有过中意的人。她承认有过，但那个男孩——好吧，她说，他只是个男孩。她之前约会的所有男孩都只是男孩，他们会谈论运动和车（我相当明智地没有坦白自己其实两者都喜欢）。"但你，"她说，"你以前去过世界各地，而现在你又冒险创建这家公司……"

她的声音渐渐变小。我站起身来，更加自信地挺直腰板，高兴地跟狮子和老虎"告别"。

第二次约会的时候，我们去了玉西，那是办公室对街的一家中餐馆。两人在吃着蒙古牛肉和蒜味鸡的同时，她跟我讲述了关于她的一些事情。她仍然在父母家住，她非常爱自己的家人，但这不代表她的生活没有挑战。她的父亲是个备受尊重的律师，职业相当不错，而她家听起来显然也比我家要更大、更好。但是她暗示，5个孩子对她家来说也是一种负担。金钱始终是个问题。一定数额的定量配给是标准操作流程，但东西从来都不够用，卫生纸之类的主要用品总是短缺，整个家庭环境都给人不安全感。她不喜欢不安全感，更喜欢安全感。她再三重复安全感，这也是她学习会计的原因，会计似乎比较稳定、可靠、安全，是一种不用担心失业的工作。

我问她为何恰好选择波特兰州立大学，她表示自己一开始打算去俄勒冈州立大学的。

"噢。"我说，就好像她坦白了自己在监狱里服刑一样。

她笑着说："如果那是表达某种安慰的话，我可不太喜欢。"特别是，她无法遵守学校规定，也就是每个学生至少进行一次公开演讲。她太害羞了。

"我理解，帕克斯小姐。"

"叫我佩妮（Penny）就好。"

晚餐之后，我开车送她回家，见到了她的父母。"妈妈、爸爸，这是奈特先生。"

"很高兴见到你们。"我说着与他们握手。

我们彼此对望，然后又望望墙、望望地板。天气不错，不是吗？

"那么，"我说，点点自己的手表，弹着橡皮筋，"不早了，我先回去了。"

她妈妈望着墙上的钟，"才9点，"她说，"适合夜间约会啊。"

第二次约会后，佩妮就和父母一起去夏威夷过圣诞了。她给我寄了一张明信片，我觉得是个好现象。她回来上班的第一天，我再次约她共进晚餐。那是1968年1月初，晚上特别冷。

我们再次约在玉西，但这次我是在那里跟她碰面的，而且我去得相当晚，当时是从鹰级童子军审核委员会（Eagle Scout review board）赶过去的，为此，她调侃地说："鹰级童子军，你？"

我觉得这也是个好现象，至少她可以自由地调侃我了。

在第三次约会的时候，我注意到我们两个人都更加放松，这样的感觉很不错。这种放松感不断持续，在之后的几周逐渐加深。我们开始交往，彼此互生好感，产生一种无声交流的默契。只有两个害羞的人才能做到这一切。在她觉得害羞或者不自在的时候，我就会感觉到，根据情况，要么给她更多的空间要么就帮她摆脱出来。在我忽视她，在内心激烈地探讨业务问题时，她也会轻轻地拍着我的肩膀，耐心地等我梳理好思绪。

时间会施展魔法。在2月前，也就是我30岁生日前后，她几乎所有闲暇时间都会待在蓝带体育公司，并且我俩晚上也会在一起，她有时候都不再叫我奈特先生了。

我顺其自然地带她回家见我的家人。大家围着餐桌坐在一起，吃着妈妈准备的炖肉，喝着冷牛奶，假装不太尴尬。佩妮是我带回家的第二个女孩，虽然她没有萨拉那种原始的魅力，但她拥有更棒的东西。她的魅力是浑然天成的，没有任何预演的。虽然全家人似乎都喜欢她，但他们始终是奈特家族。妈妈没有发表任何意见；妹妹们尝试作为佩妮与父母之间的桥梁，不过却是徒劳；父亲提出不少关于佩妮家庭背景、成长环境的试探性问题，听着就像是贷款处理人员和家暴侦探的结合体。佩妮后来告诉我我家的氛围和她家完全相反，在她家，晚餐是完全放松的场合，每个人都在大声欢笑、愉快交谈，旁边甚至还会有狗吠和电视的声音。我对她保证大家都清楚她很紧张。

之后她又带我去她家，我亲眼见证了她所说的一切。她家的状态恰恰相反。虽然房子可能比我家更大，但相当混乱。地毯上是各种动物留下的污渍，包括一条德国牧羊犬、一只猴子、一只猫、好几只小白鼠、一只坏脾气的鹅。混乱就是规则。除了帕克斯一家、一堆宠物外，周围邻居的孩子也会在附近晃荡。

我努力保持自己的魅力，但似乎与任何人都没有共鸣，无论是人还是动物。于是，我慢慢地、痛苦地从佩妮的妈妈多特太太（Dot）着手，她让我想起玛未姑妈（Auntic Mame）——狂妄、鲁莽、永葆活力。她在不少方面都始终表现得像个未成年人，拒绝自己女家长的角色。她更像是佩妮的姐姐而不是妈妈，这点着实让我吃惊。

佩妮与我如胶似漆地交往了数月时间。有一天，我提及我们的未来，我第二天就要出发前往日本，时间会比较长，而且相当重要，以此巩固我和鬼冢的关系。我跟她说，我回来时就到了夏末，我们不能继续这样的约会了。波特兰州立大学并不赞同师生恋，我们必须正式确立关系，一种不被诟病的关系——婚姻。"你在我离开的时候可以自己安排婚礼的事情吗？"我问。"可以。"她说。

整个求婚过程中几乎没有讨论、犹豫或太多情绪，也没有什么协商，更像是之前就已确定的结论。

我不停地默念，一遍又一遍，我订婚了，我订婚了。但我却无法投入其中。之后，我们去泽尔兄弟珠宝店（Zell Bros. Jewelers）挑选订婚戒指，上面镶嵌着一颗翡翠。一切开始呈现出真实的感觉。宝石和戒托一共花了500美元，这尤其显得真实。但我却从来没有觉得紧张，也从未跟其他人一样懊悔地问自己："噢，天哪，我到底做了什么？"约会和了解佩妮的那些日子是我一生中最开心的时光，而现在，我有机会可以永远延续这种幸福感。这就是我对这段婚姻的态度，就像初级会计学这门课程的基础公式一样简单：资产等于负债加上所有者权益。

直到我离家前往日本，直到我和未婚妻吻别，承诺自己一抵达日本就写信回来，我才切实地体会到完整事实的方方面面。佩妮不仅是我的未婚妻，也是我的合作伙伴。过去，我跟自己说鲍尔曼是我的合作伙伴，甚至约翰逊也可以称得上是，但与佩妮的一切却是完全不同、史无前例的。这种联盟是改变一生的决定，但我仍然没有觉得紧张，只不过让我考虑得更多。我之前从不会跟真正的合作伙伴告别，而现在这种感觉完全不同，找出你对某人态度的最简单的方式就是想象跟他告别。

另一个伙伴关系悄然诞生

这是第一次，我在鬼冢的联络人仍然是我之前的联络人。北见还在公司，没有被任何人替代，也没有被委派其他任务。相反，他在公司的地位更加稳固了，这从他的行为举止就可以判断出来，他似乎更加从容、自信了。

他就像一家人似的欢迎我的到来，表示自己为蓝带体育公司的业绩和东海岸的办事处（在约翰逊的经营下逐渐壮大）感到高兴。"现在，我们来讨论一下如何抢占美国的市场份额。"他说。

"乐意之至。"我说。

我随身带着鲍尔曼和约翰逊的新鞋设计,包括两人合作的一款新鞋,计划称之为"Boston"。这款鞋的创新之处在于采用全掌中底缓冲。北见把设计挂在墙上,一只手摸着下巴,仔细地研究着。他说他喜欢这些设计。"我非常非常喜欢。"他拍着我的背说。

我们在之后的几周里经常见面,我每次都可以从北见那里体会到类似于兄弟情谊的气氛。某天下午,他提到他的出口部门在这几天打算举行一次年度野餐会。"你也来吧!"他说。

"我?"我说。
"对,对,"他说,"你可是出口部的荣誉成员。"

野餐会是在离神户不远的一个小岛——淡路岛举行的,我们搭乘小船抵达小岛,看见沿着海滩放置着一排排长桌子,每张桌子上都摆满各式各样的海产品、面条和米饭,桌子旁边的桶里都是冰苏打水和啤酒。每个人都穿着泳衣,戴着太阳镜,放声畅谈大笑。那些在公司恪尽职守的人似乎与往常都不一样了,大家变得无忧无虑。

稍晚时候,大家组织了几场比赛,主要是培养团队合作能力的项目,比方说沙袋接力和踏浪竞走。我炫耀般地展示自己的速度,在我第一个突破终点时,每个人都对着我鞠躬,每个人都认为这个瘦瘦的外国人速度相当快。

我也逐渐融入其中,笑着与大家聊天。我知道"鞋子"的日语单词念 gutzu，我知道"收益"的日语单词念 shunyu。我清楚如何询问时间和方向，也学会了经常要使用的一句话：

Watakushi domo no kaisha ni tsuite no joh hou des.
这里是一些关于我公司的信息。

在野餐步入尾声的时候，我坐在沙滩上，遥望太平洋。我过着两种不同的生活，都相当棒，都在日渐变得美好。回到美国，我是团队的一员，我、伍德尔和约翰逊，现在还有佩妮。而在日本，我也是团队的一员，我、北见，以及鬼冢所有友善的同事。我本性是个不太合群的人，但从童年时，我就在团队运动中茁壮成长，我的心灵在独处与团队的混合中会实现真正的和谐，就像我现在所拥有的。

同样，我也在与这个日渐吸引我的国家做生意。我最初的恐惧已经消散，现在反而觉得与这群害羞的日本人民建有一种联系，也开始喜欢他们的文化、产品和艺术所表现的简洁性。我喜欢他们总是尝试为生活中从茶道到衣柜的每个方面都增添一笔美丽，我喜欢广播每天准确播报哪个角落的樱花正在盛开及其盛开程度。

一位名叫藤本的男士突然坐到我的身旁，打断了我的思绪。他 50 岁左右，双肩下垂，样子沮丧，似乎处于中年忧郁的状态，仿若是日本的查理·布朗（Charlie Brown）。不过，我可以感觉出他在竭尽全力对我表现出高兴的样子。他强迫自己露出大大的笑容，告诉我他热爱美国，希望可以在那里定居。我跟他说我刚才还在想我有多喜欢日本。"可能我们应该交换一下。"我说。

他忧郁地笑道:"随时奉陪。"

我夸奖他流利的英语,他说他是从美国大兵那里学来的。"太巧了,"我说,"最先跟我讲述日本文化的就是两个退役的美国大兵。"

他说,美国大兵教他的第一句话就是"拍我马屁吧"(Kiss my ass!),听到这里,我们两人都大笑起来。

我问他住在哪里,他的笑容逐渐消失。"几个月前,"他说,"因为台风'比利',我失去了我的家园。"那场台风粉碎、摧毁了日本本州岛和九州岛的一切,2 000多个家庭未能幸免于难。"我家,"藤本说,"就是其中之一。""我很抱歉。"我说。他点点头,望着水面。他说,他打算从头再来,日本人都是这样。但不幸的是,他唯一无法更换的就是他的自行车。在20世纪60年代,自行车在日本特别昂贵。

北见也加入我们,但我却注意到藤本先生即刻就起身离开了。

我向北见提到藤本是从美国大兵那里学会英语的,北见则自豪地表示自己完全都是从录音带里自学的。我祝贺他,希望某天自己的日语也可以像他的英语一样流利。然后我提到自己即将结婚,提到佩妮的某些事情,他也祝贺我,希望我一切顺利。"什么时候举行婚礼?"他问。"9月。"我说。"啊,"他说,"我10月份会去美洲,鬼冢先生和我要去参加在墨西哥城举行的奥运会。我们可能会顺带参观洛杉矶。"

他邀请我届时南下和他们一起共进晚餐,我表示这是我的荣幸。

第二天我就返回美国,落地后的第一件事就是在信封里装上50美元,用航空件邮寄给藤本先生。我在卡片上写道:"希望可以对你买辆新自行车有所帮助,我的朋友。"

几周之后,藤本先生寄回一封信。我的50美元折叠放在一张便笺的里面,他在便笺上解释称他问上级是否可以留下这些钱,但他们表示不可以。

不过,下面还有一句附录:"如果你可以寄到我家,我就可以收下。"所以,我把钱寄到了他家。

于是,另一个改变我人生的伙伴关系也悄然诞生。

奈特太太,这是我第二次这么紧张

1968年9月13日,在波特兰市中心的圣马克圣公会教堂(St. Mark's Episcopal Church)里,在200多位亲朋好友的见证下,佩妮和我结为连理,这里也是佩妮父母结婚的地方。今天距离帕克斯小姐第一次走进我的教室也快满一年了,她再一次站在前排,不过这次,我却是站在她的旁边。现在,她已成为奈特太太。

我的伴郎是豪泽表哥。他是我的律师,也是我的同伴。其他伴郎是佩妮的两个哥哥、我商学院的一个朋友,以及凯尔。凯尔在仪式前跟我说:"这是我第二次见你如此紧张。"我们笑着,像之前的无数次一样,回忆起我在斯坦福为同班同学演示我的论文。我想,今天也差不多。我要在满堂宾客前再次讲述某些事情是可能的,是可以成功的,但实际是我根本没有把握的。我和其他新郎一样,谈到理论、信仰,夸下海口。新娘也同样如此。我和佩妮在之后的人生中要用实际行动来证明我们今天所说的一切。

婚宴是在波特兰的花园俱乐部举行的,善于社交的女士会在夏季的夜晚经常聚集在那里品尝鸡尾酒,聊聊八卦消息。那个夜晚相当舒适,虽然天空阴沉得就像要下雨,但却没有。我和佩妮共舞,邀请多特太太跳舞,还和母亲一起跳舞。临近深夜,我和佩妮向所有人告别,然后跳进自己崭新的车里,那是一款时尚的黑色美洲狮。大约两个小时后,我们俩疾驰着来到海岸边,计划在她父母的海滩小屋里度过周末。

但是,多特太太每半个小时就会打电话过来……

1969 寻找更大的办公室

我们经常说,一个任务可以帮你保持头脑清醒。我们都清楚,找到更大的办公室这个小任务意味着我们在走向成功。我们在推动蓝带体育公司获得成功,在实现内心深处对胜利的渴望,或者至少不要失败。

突然之间,一群新的角色开始在办公室穿梭。销量的上升使我可以聘用越来越多的销售代表,他们大多之前都是跑步运动员和行为古怪的人,因为只有前跑步运动员才行为古怪;但在销售鞋子时,他们都是出色的商人。因为受到我们远大志向的鼓舞,也因为他们的工作报酬是完全以佣金计算的(两美元一双),所以他们奔走在大街小巷,逐个前往半径数千公里内的每个高中和学院的田径比赛,而他们的努力有力地推动了我

们的销售额数字更快地增长。

我们 1968 年的销售额已经达到 150 000 美元,而 1969 年逐步逼近 300 000 美元大关。虽然华莱士还是在我耳边不停地唠叨,敦促我放慢速度,抱怨我缺少净资产,但我还是觉得蓝带体育公司的业绩已经足够支付其创始人的薪水。就在我 31 岁生日前,我做出一个大胆的举动——从波特兰州立大学离职,全身心地投入自己的公司事业,支付给自己相当不错的薪水:年薪 18 000 美元。

此外,我对自己说,离开波特兰州立大学的最好理由就是我从学校得到的比预期的更多——我娶到了佩妮。我也得到了其他的一些收获,只不过当时我并不知道,也没有想到以后这些收获会多么宝贵。

广告是下一波浪潮

在学校的最后一周,路过围墙的我注意到一群年轻的女士围着画架站在一起,其中一人在一块大画布前涂涂画画。就在我经过的时候,我听见她在抱怨自己没钱去上油画课。我停下脚步,钦佩地望着画布,说道:"我的公司可以聘用一个艺术家。"

"什么?"她说。

"我的公司需要一个人来做广告宣传,你有兴趣挣点外快吗?"

我仍然觉得广告宣传没有任何经济价值,但却开始承认自己不能继续忽视这一块。标准保险公司(Standard Insurance

Company）刚在《华尔街日报》上刊登一整版的广告，声称在其所有客户中，蓝带体育公司是最具活力的新创公司之一。广告上有一张特写鲍尔曼和我……盯着一只鞋的照片。我们不像是鞋的创新者，反倒像是之前从没见过鞋。我们看上去就像是傻瓜，这令人相当尴尬。

在我们的某些广告中，模特除了约翰逊没有其他人。看，约翰逊穿着一套监色运动服。看，约翰逊在掷标枪。关于广告，我们的方法都是原始、粗糙的。我们都是在前进的过程中改进广告创意，在忙碌中学习，然后就推出广告。在一个关于鬼冢虎马拉松平底运动鞋的广告中，我们称新型面料为"秒速纤维"（swooshfiber）。时至今日，大家已经不记得到底是谁提出这个词或者其背后的寓意，但它听起来却很棒。

人们不停地跟我说广告有多么重要，广告是下一波浪潮。我总是不置可否，但如果总是让我讨厌的照片、虚构的词语，以及约翰逊"诱惑"地躺在沙发上这些元素融入我们的广告，那我就需要开始更关注它了。

"我给你两块钱一个小时。"我站在波特兰州立大学的走道中间，跟这个急缺资金的艺术家说道。

"我需要做什么呢？"她问。

"设计平面广告，"我说，"做一些字体设计、标志设计的工作，可能还需要为演示做点图表和图像。"

这听起来其实没太大的吸引力，但这个可怜的孩子已经走投无路。

她在一张纸上写下自己的姓名——卡罗琳·戴维森（Carolyn Davidson），以及她的号码。我装进口袋，然后忘得一干二净。

我们没有资金行贿，所以无缘奥运会

聘用销售代表和平面设计师展现出我个人极大的乐观态度，但我不觉得自己本性就是个乐观主义者，当然也算不上是悲观主义者。我通常是在两者之间徘徊，但不会发展到某个极端。不过随着1969年的临近，我才惊觉自己望着天空，思考着未来可能会一帆风顺。一夜好眠之后，一顿丰盛的早餐之后，我都觉得有不少理由可以让我保持希望。除了表现强劲、日渐增长的销量数据之外，鬼冢公司也很快就提供了更多创新的新模型，包括Obori，一款以羽毛般轻盈的尼龙鞋面为特点的跑鞋；还有一款叫Marathon的跑鞋，采用另一款尼龙材料，线条流畅得就像是卡曼·吉亚跑车（Karmann Ghia）。这些鞋子本身就不愁卖不出去，我好几次跟伍德尔说要把它们挂在软木板墙上。

鲍尔曼也从墨西哥城归来，他之前都在那里做美国奥运会国家队的助理教练，也就是说他在美国超越其他国家赢取更多金牌方面发挥了关键作用。我的合伙人更出名了，他就是个传奇。

我打电话联系鲍尔曼，急切地想了解他对奥运会的整体态度，特别是约翰·卡洛斯（John Carlos）和汤米·史密斯（Tommie Smith）的抗议，那一刻会被永久铭记。两人站在领奖台上，当美国国歌响起时，他们低下头，举起戴着黑色手套的拳头，以一种使人震惊的姿势，呼吁大家关注种族歧视、贫穷和人权问题。

虽然两人的行为受到不少人的指责，但正如我所预料的，鲍尔曼完全支持他们。鲍尔曼支持所有跑步运动员。

卡洛斯和史密斯在抗议的时候都没有穿鞋，两人在众目睽睽下脱下彪马运动鞋，放在台上。我对鲍尔曼表示自己无法确定这件事对彪马而言是好事还是坏事。公开传播就真的是好的宣传吗？宣传和广告一样吗？它们是一样的吗？

鲍尔曼咯咯笑道，他也不确定。

他跟我提到彪马和阿迪达斯在整个奥运会期间的可耻行为。全球最大的两家运动鞋公司由两个互相鄙视的德国兄弟创办，它们就像是一对启斯东警察在奥运村里你追我赶，谋求所有运动员穿他们的鞋。巨额现金通常满满地装在跑鞋或是马尼拉纸信封里，用来贿赂运动员。彪马的一名销售代表甚至因此锒铛入狱（有谣言称是阿迪达斯设计陷害他），他跟一名短跑女选手结了婚，鲍尔曼开玩笑称他只有跟她结婚才能保住她的代言。

更糟糕的是，事情并不是简单的贿赂而已。彪马走私大量的运动鞋进入墨西哥城，同时阿迪达斯狡猾地成功逃过墨西哥严苛的进口关税。我从小道消息听说，他们是在名义上通过在瓜达拉哈拉①的一处工厂制造鞋子逃避关税的。

鲍尔曼和我并没有觉得自己的道德观遭遇侵犯，只是觉得被忽视了。蓝带体育公司没有资金来行贿，所以无缘奥运会。

---

① 瓜达拉哈拉（Guadalajara）是墨西哥哈利斯科州的首府，也是墨西哥第二大城市。——编者注

我们在奥运村只有一个小得可怜的展台，只有博克一人在忙活。我不清楚博克是不是只是在那里读漫画书，或是只是无法与强势入驻的阿迪达斯和彪马竞争，但不管怎样，他的展台销量为零，分文未获。无一人驻足停留在我们的展台。

实际上，还是有一人驻足的。比尔·图米（Bill Toomey），一名睿智的美国十项全能选手，他询问过某些鬼冢虎鞋子，以此向世界表明他是无法被收买的，但博克没有准备他的鞋码，也没有适合他参赛项目的运动鞋品类。

鲍尔曼表示，不少运动员在训练的时候都是使用鬼冢虎的。只不过没有任何人用它实际参加比赛而已。质量的原因不可忽视，鬼冢虎还不够好。不过，主要原因还是金钱，我们没有充足的资金来做宣传推广。

"我们不是一文不名，"我对鲍尔曼说，"我们只是钱不够多。"

他哼了一声："不管怎样，能有钱合法地支付给运动员不是一件好事吗？"

我的"间谍备忘录"

最后，鲍尔曼告诉我，他在奥运会遇到了北见。他不太喜欢这个人。"他完全不了解鞋子，"鲍尔曼抱怨道，"而且他也太狡猾、太自负了。"

我也开始产生同样的感觉，从前几封北见的电报和信件上判断，他可能与表面不太一样，他根本不像我在日本那段时间里表现的那样是蓝带体育公司的粉丝。我觉得这种行为相当恶心，可能他已经准备提高对我们的价格。我向鲍尔曼提到这一点，表示自己正采取措施保护公司。在挂断电话前，我吹嘘虽然我没有足够的现金或支票来支付给运动员，但却有足够的钱挖来鬼冢公司的人。我在鬼冢有内线，那个人就是我在鬼冢的眼睛和耳朵，时刻关注着北见的动向。

我寄出一份备忘录，跟所有蓝带体育公司的工作人员也表达同样的意思（当时，我们大概有40名员工）。虽然我热爱日本文化，桌子旁边还留着那把武士刀纪念品，但也同样警告大家日本的商业行为是极其复杂的。在日本，你无法预测竞争对手或合作伙伴将会采取什么行动。我甚至放弃了这方面的尝试。但是，我写道：

  我走了一步我觉得将保证我们及时掌握动态的棋。我聘用了一个间谍，而他是鬼冢出口部门的全职员工。没有详细的理由，我只能告诉大家我觉得他很可靠。

  这个间谍的行为可能在你们眼中是违反道德的，但在日本商业圈里，植入间谍体系是完全可以接受的。日本甚至建有行业间谍学校，就和我们会有打字员和速记员学校差不多。

我无法想象到底是什么驱使我如此放纵、大胆地采用"间谍"一词，可能是因为那时候詹姆斯·邦德正风行一时。我也无法理解自己在披露这么多信息时，却没有披露间谍的姓名。那是藤本先生，也就是我寄钱让他更换自行车的那个人。

我觉得自己在某种程度上已经清楚那封备忘录是个错误，是我干的一件蠢事，而我必然为之后悔。我想我清楚这一点，但我经常会觉得自己也和日本商业一样复杂难懂。

北见和鬼冢先生光临蓝带

北见和鬼冢先生两人一起来到墨西哥城参加奥运会，之后飞往洛杉矶。我从俄勒冈州南下，与他们约在圣莫尼卡的一家日本餐厅共进晚餐。我显然迟到了一会儿，在我到达时，看到他们俩和度假的学生一样，都戴着一顶墨西哥帽，大声交谈着。

我努力效仿他们，想要表现得跟过节一样，我与他俩一起吃完好几盘寿司。在这个过程中，我与两人的关系都有所进展。当晚，在酒店里，我从上床开始就在思考，希望我之前关于北见的看法都是胡思乱想。

第二天早上，大家一起飞往波特兰，与蓝带体育公司的工作人员见面。我意识到，在我写给鬼冢的信里，尤其是在我跟他们的对话中，可能把我们的"全球总部"描述得太夸张了。北见刚走进去脸就拉下来，这点也在意料之中。鬼冢先生却是环顾四周，表情疑惑。我赶忙道歉，"可能看起来有点小，"我干巴巴地笑着说，"但我们在这个屋子里却完成了很多生意。"

他们望着破碎的窗户、标枪做的窗栓、波浪状的分隔板。他们望着坐在轮椅里的伍德尔，感受着隔壁酒吧音乐的震动。他们互相对望着，半信半疑。我跟自己说，好吧，一切都完了。

可能是察觉出我的窘迫，鬼冢先生安慰似的把手放在我的肩上。"这里……相当具有魅力。"他说。

在墙的另一头，伍德尔挂了一幅壮观的美国地图，在我们过去5年里每个卖出鬼冢虎鞋的地方，都插上了一颗红色图钉。整个地图上都布满图钉，所幸的是这幅地图暂时转移了两人对办公室的注意力。然后，北见指着蒙大拿（Montana）东部。"这里没有图钉，"他说，"显然这里的销售人员表现不佳。"

俄勒冈的脱线先生

时间飞逝，我一直都在尝试发展一家公司、建立一段婚姻。佩妮和我也在学习共同生活，学习融合我们的个性和癖好。我们都认为她是个性十足的，而我则是那个有癖好的，所以她才是那个更需要学习的人。

我每天晚上躺在躺椅上，望着天花板，尝试让自己放松。我对自己说：生活就是成长，不成长就死亡。

佩妮怀孕后，我们在比弗顿找到一幢房子。它面积较小，只有150平方米左右，但周围却有4 047平方米土地，还有一个马厩和游泳池。房子前方是一棵大松树，后方有一棵日本竹。我喜欢这里。更主要的是，我认出了这里。年幼时，妹妹会经常问我梦想中的房子是什么样的，有一天，她们给我一支铅笔和一个本子，让我画下来。在佩妮和我搬进去的时候，妹妹翻出那幅旧的铅笔素描，完全就是比弗顿房子的样子。

这幢房子的房价是 34 000 美元,我发现自己竭尽所能,所有储蓄只够支付 20% 的房款。另一方面,我还把那些储蓄作为自己在第一国民银行贷款的抵押品。所以,我去找哈利·怀特谈论这个问题。我说我需要用我的储蓄支付房子首付,但我会把房子作为新的抵押品。

"好的,"他说,"这件事情不需要询问华莱士。"

当天晚上,我告诉佩妮,如果蓝带体育公司破产,我们将无家可归。她把一只手放在肚子上,坐了下来。这正是那种她时刻都想要避免的不安全感。她不停地说,好吧,好……吧。

因为我的孤注一掷,她觉得自己必须要为蓝带体育公司贡献一份力量,哪怕是在怀孕期间。她可以为蓝带体育公司牺牲任何事情,哪怕是她内心深处的目标——大学毕业。等到她的身体不便于在办公室工作时,她就在新家里开展邮购业务。仅在 1969 年,尽管有晨间不适、脚踝肿胀、体重上升和持续疲劳的问题,佩妮还是顺利完成了 1 500 单生意。某些订单只不过提供了双脚的粗糙模图,而且来自偏远地区,但佩妮并不在意。她尽职地把模图与适当的鞋子做比对,然后填写订单。每一笔销售都很成功。

伍德尔,混乱终结者

在我的小家无法容纳整个家庭的同时,我的公司也出现同样的情况。酒吧旁边的一个房间已经无法容纳所有人,而且伍德尔和我需要大喊才能透过嘈杂的音乐听见彼此的声音。所以每晚工作结束之后，我们都会一起吃芝士汉堡，然后再四处寻找合适的办公场所。

在物流方面，这简直是个噩梦。伍德尔必须开车，因为他的轮椅无法放进我的美洲狮，而我总是因为被这样一个处处受限制的人来回接送而感到愧疚和不适。同时让我抓狂的是，因为我们找的不少办公室都在楼上，甚至在更高的楼层，这意味着，我必须推着伍德尔的轮椅上上下下。

每当这个时候，我就会痛苦地想起他的真实情况。通常工作的时候，伍德尔总是积极乐观、精力充沛，让人容易忘记现实。但是在推着他的轮椅前进、控制方向上下楼时，我就会反复地意识到他的脆弱和无助。我会默默祈祷：老天保佑不要摔到他，老天保佑不要摔到他。伍德尔听到我的话就会紧张起来，而他一紧张会让我更加紧张。"放松，"我会说，"我还没有失去耐心呢，哈哈！"

不论发生什么，他都不会失去自己的风度。即便是在他最脆弱的时候，在我摸黑在楼梯上帮他保持平衡的时候，他都没有放弃自己的基本人生哲学：你要是敢怜悯我，我就宰了你。我第一次派他去贸易展览的时候，航空公司把他的轮椅弄丢了。等到找回轮椅的时候，车架已经弯得跟椒盐卷饼似的。但对他来说，这完全不是问题。就在那个弯曲的轮椅上，伍德尔顺利参加展会，完成所有待办事项，带着完成所有任务的胜利笑容回到公司。

在每晚结束寻找新办公场所后，伍德尔和我总是会对所有让人崩溃的问题捧腹大笑。在分开前，我们会做个游戏。我会掏出一块秒表,计算伍德尔打开轮椅,然后坐着轮椅上车需要多久。作为一名前田径明星,他喜欢秒表计时的挑战,喜欢尝试突破个人最好的纪录。他的纪录是 44 秒。我们都珍惜那些夜晚的时光,那种傻气,那种共同完成任务的感觉,我们都坚信这是大家年轻时最美好的记忆。

伍德尔和我是截然不同的,我们的友谊是建立在完全相同的工作方式上的。我们都会在可能的情况下,尽量关注某个小任务,从中找寻快乐。我们经常说,一个任务可以帮你保持头脑清醒。我们都清楚,找到更大的办公室这个小任务意味着我们正在走向成功。我们在推动蓝带体育公司获得成功,在实现内心深处对胜利的渴望,或者至少不要失败。

虽然两人都不善于言谈,但我们却能让彼此打开话匣子。那些晚上,我们讨论所有事情,以难以置信的坦白向彼此敞开心扉。伍德尔跟我详细地讲述自己受伤的经过。一旦我试图把事情看得太严重,伍德尔的故事总是会提醒我事情可以更糟糕。而他对待自己的方式就是一节永远鼓舞人心的课,课的内容关于良好精神状态的优点和价值。

他说,他的伤并不是典型的半身不遂,也不是一种彻底的损伤。他还有某些知觉,他仍然希望着可以结婚,组建属于自己的家庭。他同样也希望可以被治愈。他在尝试一种实验性的新药,这种药在截瘫患者中已有不错的反响。问题在于,这种药有股蒜味。有时候在寻找办公室的路上,伍德尔身上的味道就像是老式比萨店的味道,我会直接跟他说。

我问伍德尔，他是否开心。问的时候，我很犹豫，担心自己无权过问此事。他思考一番表示，是的，他挺开心的。他喜欢这份工作，喜欢蓝带体育公司，哪怕有时候会因为讽刺而畏缩。有人会讽刺他一个无法走路的人却在卖鞋。

我不确定说些什么好，所以我选择沉默。

我和佩妮经常邀请伍德尔一起去新家共进晚餐。他就像是家人一样，我们喜欢他，但我们也清楚我们是在填补他生活中的空虚，满足他需要陪伴和家庭舒适感的需求。所以在伍德尔过来的时候，佩妮总是想做些特别的东西给他吃，而她可以想到的最特别的东西就是科尼什雏鸡肉。虽然鸡肉会让她的25美元采购预算变得紧张，但佩妮在伍德尔的问题上从来不会苛减费用。如果我跟她说伍德尔会过来一起吃晚餐，她就会反射性地脱口而出："我会买点鸡肉！"这不仅仅是为了表现得热情好客，她是在把他喂胖，在照顾他。我觉得，伍德尔证明了她因怀孕而激发的母爱。

我努力地记住一切，闭上眼睛回想过去，但那些夜晚的许多宝贵时刻都已经一去不复返。无数对话、透不过气的狂笑，以及那些宣言、坦白、自信……所有都落入时间的长河中消失不见。我只记得我们总是大半个晚上都坐在一起，回顾过去，规划未来。我记得我们轮流描述属于我们的小公司是什么样的，未来可能变成什么样，以及永远都要避免的东西。我多么希望，哪怕只有一晚，我可以录下当时的情景，或者能像我在环球旅行时一样写日志。

不过,至少我仍然可以想起伍德尔当时的样子,他坐在餐桌的首位,打扮得一丝不苟:蓝色牛仔裤、白色T恤,外搭他的标准V领毛衣,脚上总是一双纯朴的橡胶底鬼冢虎球鞋。

那个时候,他的胡须长而浓密,让我相当嫉妒。该死的是,那是20世纪60年代,我的下巴虽然留着胡子,却总是需要去银行谈论贷款的事情,我不能在面对华莱士的时候表现得跟个流浪汉似的,刮干净胡须是我对他为数不多的让步。

伍德尔和我最终在泰格德(Tigard)找到一处不错的办公室,就在波特兰市中心的南边。我们没有资金购买整幢办公大楼,所以只能选择一层的某个角落,其他区域属于霍勒斯曼保险公司(Horace Mann Insurance Company)。这里的环境优美,甚至可以说是豪华,相比以前简直就是突飞猛进的改善,但我却有点犹豫。办公室隔壁是音乐酒吧显然不符合逻辑,但如果隔壁是保险公司呢?铺设地毯的大厅、西装革履的工作人员和冰冷的饮用水?整个环境都太压抑,太具备公司风格了。我觉得,我们周围的环境与我们的精神状态息息相关,而我们的精神状态对我们的成功至关重要,所以我担心如果我们突然与一群公司职员和自动机器共享空间,我们的精神状态会有不良的改变。

我靠在躺椅上,再三思考,判断公司氛围可能是不搭调的,与我们的核心信仰相悖,但却可能会对我们银行的胃口。可能华莱士在见到我们无聊、空虚的新办公场所后,会用更尊重的态度对待我们。

同样地,办公室定在泰格德,在泰格德销售鬼冢虎(两者英语单词发音相近）可能是上天注定的。

随后，我想到伍德尔。他先前表示自己在蓝带体育公司相当开心，但又提到了那些对他的讽刺。派他开车前往高中和大学销售鬼冢虎可能招来的不止是讽刺，也许那是一种折磨，也是对他才能的浪费。伍德尔最适合做的就是消除混乱、解决问题，那对他来说都只是一个小任务。

在他和我一起去签署泰格德的租赁协议时，我问他是否愿意换工作，担任蓝带体育公司的运营经理。他不再需要外出推销，不再需要去学校，而是负责处理我没有时间和耐心处理的所有事情。比方说跟洛杉矶的博克沟通；或是与韦尔斯利的约翰逊通信；或是在迈阿密开办一个新的办事处；或是聘用某人协调安排所有新的销售代表，组织整理他们的报告；或者批准开支账目。最重要的是，伍德尔必须监督着监管公司银行账目的人员。现在，如果他没有兑现自己的工资单，那就必须要对他的上司，也就是他自己解释原因。

伍德尔神情愉悦地表示乐意之至。他伸出手说："成交。"

还是一如既往的运动员力量。

是个男孩！

1969年9月，佩妮前往医院做产检。医生表示情况一切良好，但孩子可能还需要一周才能出生。

当天下午，佩妮就待在蓝带体育公司，为客户提供帮助。我们一起回家,早早地吃完晚餐就上床睡觉。大概凌晨4点,她把我推醒。"我觉得难受。"她说。

我即刻打电话给医生,让他在伊曼纽尔医院(Emanuel Hospital)等我们。

在劳工节的前一周,我多次练习以最快的方式前往医院,而现在就有了用武之地,因为现在"比赛时间到了"。我是如此慌乱,波特兰于我而言变得跟曼谷一样,所有的一切都太陌生、太不熟悉,我慢慢地开着车,确保每个转弯都是安全正确的。但也不能太慢,我警告自己,不然你就要自己接生了。

街道上空无一人,所有交通灯都是绿色的,畅通无阻。天空淅淅沥沥地下着小雨。车里唯一可以听见的就是佩妮沉重的呼吸和雨刷刷过挡风玻璃的沙沙声。在我赶到急诊室入口时,在我扶着佩妮进入医院时,她不停地说:"我们可能只是反应过度,我觉得还没到时间。"不过,她的呼吸和我以往在比赛中最后一圈时的差不多。

我记得护士从我手里接过佩妮,扶她坐在轮椅上,推着她走过大厅。我一路跟在后面,随时准备提供帮助。我拿了一个孕妇工具箱,还有一块秒表,就是那块给伍德尔计时的秒表。现在,我就在大声地计算着佩妮宫缩的时间:"5……4……3……"她停止喘气,望着我,咬牙切齿地说:"不……要……这样。"

一名护士扶着她走下轮椅,躺在轮床上,然后推着她离开。我跟跄着走到医院所谓的"围场",即将为人父的我就坐在那里发呆。我本打算在产房陪着佩妮，但父亲警告我不要这么做。他跟我说我出生的时候是湖蓝色的，把他吓了一大跳，所以他告诫我："在这个关键时刻，还是待在其他地方比较好。"

我坐在一张硬塑料椅子上，闭上眼睛，在脑子里思考着公司的事情。一个小时后，我睁开眼睛，望着医生站在我面前，他额头都是豆大的汗珠。他在说着什么？我只能看见他的嘴唇在动，却无法听见声音。"生活是美好（joy）的？这里有个玩具（toy）？你是罗伊（Roy）吗？"这是他在说的话吗？

他又说了一遍："是个男孩（boy）。"

"一个——男孩？真的吗？"

"你的妻子表现得很好，"他说，"完全没有抱怨，始终用力地在推。她之前是不是上过不少无痛分娩课程？"

"莱曼斯？"我说。

"您说什么？"

"什么？"

他领着我，就像领个病人一样穿过长长的大厅，走进一个小房间。那里，在帘子背后的是我的妻子，筋疲力尽却光彩照人，她的脸红扑扑的，胳膊旁边是个白色软布缝制的毯子，还有蓝色的婴儿车。我掀开毯子的一角，露出一个成熟葡萄柚大小的脑袋，头上戴着一顶绒线帽。我的儿子。他看起来就好像一个旅行者。当然，他的确是，他刚开始自己的全球之旅。

我弯下身，亲吻佩妮的双颊，拨开她湿透的头发。"你是个冠军。"我轻声说。她不确定地斜眼看着我，以为我是在跟宝宝说话。

她把儿子递给我,我怀抱着他。他是如此鲜活,但又如此脆弱、无助。这种感觉挺奇妙的,与所有其他的感觉都不同,不过也有一丝熟悉。上帝保佑我千万不要摔到他。

在蓝带体育公司,我大部分时间都是在谈论质量控制、工艺、交货,但在这里,我才意识到,这是真实发生的。"我们做到了。"我对佩妮说。我们做到了。

她点头表示赞同,然后躺回去。我把孩子交给护士,然后让佩妮睡觉,休息一会儿。我游荡着走出医院,走进车里,突然无比急切地想要见到父亲,我有一种对父亲的强烈渴望。于是我驱车前往他所在的期刊社,把车停在几个街区外,想走一走。雨已经停了,虽然空气潮湿且温度偏低,却阻挡不了我。我走进一家雪茄店,想象着自己递给父亲一根粗粗的罗布图雪茄,说:"你好呀,爷爷!"

走出商店,我把木制的雪茄盒夹在手臂下,结果遇见了基思·福曼(Keith Forman),他以前也是俄勒冈的跑步运动员。"基思!"我大喊道。"嘿,是你啊,巴克。"他说。我拽着他的西服领大吼:"是个男孩!"他往后退了一步,表情疑惑。我没时间解释,继续往前走。

福曼之前待在俄勒冈队,俄勒冈队是著名的 4 英里接力赛的世界纪录创造者。作为一名跑步运动员和会计,我从未忘记他们那耀眼的成绩:16'08.9"。作为鲍尔曼 1962 年的国家冠军队伍中的明星运动员，福曼之前也是第五个在 4 分钟内跑完一英里的美国选手。我心想，不过几个小时前，我还在想着那才是塑造真正的冠军的要素。

第二次"叛乱"

秋天，11 月的天空低低地垂着。我穿着厚重的毛衣，坐在火炉旁，做着某些自主发明的事情。我怀着感恩的心在置办东西。佩妮和我刚出生的儿子都身体无恙，我们为儿子取名为马修（Matthew）。博克、伍德尔及约翰逊也都心情愉快，鞋子销量也在持续上升。

随后一封邮件寄来，一封来自博克的信件。在从墨西哥城回来后，他就在经历着某种精神上的魔宫历险，他在信中表示跟我之间存在问题，他不喜欢我的管理风格，他不喜欢我对公司未来的展望，他不喜欢我付的薪水。他不理解为什么我过了好几周才给他回信，有时甚至根本没有回信。他对鞋类设计也有自己的想法，不喜欢他的想法被忽视。洋洋洒洒几页纸之后，他要求即刻改变，还有加薪。

这是公司内的第二次"叛乱"。不过，这次比约翰逊更复杂。我花了几天的时间来起草我的回复，同意稍稍提高他的薪水，然后就开始摆架子。我提醒博克，在任何公司都只能有一个老板，而不幸的是，对他而言，蓝带体育公司的老板是巴克·奈特。我跟他说，如果他对我或我的管理风格不满意，那么应该清楚自己还可以选择辞职或是被解雇。

正如我当初写了"间谍备忘录"一样，我即刻就后悔了。在我把信放进邮箱的那一刻就意识到博克是团队宝贵的一部分，我不想失去他，也无法承担失去他的后果。我派遣我们的新任运营经理伍德尔去洛杉矶弥补一切。

伍德尔和博克一起共进午餐，向他解释我那样做是因为睡得不太好、儿子刚出生等。当然，伍德尔也向他表示，在北见和鬼冢先生前来参观后，我承受着巨大的压力。伍德尔以我独特的管理风格开玩笑，告诉博克每个人都对此表示不满，每个人都对我不回复备忘录和信件怒火中烧。

伍德尔与博克在一起待了几天，平复他的怒火，继续推进公司运营。他发现博克也面临一定的压力。虽然零售店的生意日渐变好，但他的库房，基本上也就是我们的全国仓库，却乱七八糟。那里到处都是箱子，发票之类的纸质文件甚至都贴到了天花板上。博克独自一人没法应付一切。

伍德尔回来之后给了我一张仓库的照片。"我觉得博克又归队了，"他说，"但我们需要帮他解决仓库的问题。我们需要把所有仓库运营的事项转移到我们这边。"此外，他补充道，我们需要聘用他妈妈来运营仓库，她曾在俄勒冈传奇的运动用品商店詹特森（Jantzen）的仓库工作多年，所以他的推荐不是因为裙带关系。伍德尔的妈妈是这份工作的理想人选。

我不确定自己是否在意这些。如果伍德尔觉得可以，我就没有意见。此外，我的态度就是：越多伍德尔的人，工作越好做。

1970

现金！现金！现金！

请不要觉得我们面临经济困难，我们没有破产，只是没钱。我们有很多资产，却没有现金。我们只需要更多时间。现在轮到我说"还要几天"了。

我不得不再次飞往日本，这次出发时距离圣诞节不过还有两周时间。我不想单独留下佩妮照顾马修，特别是临近节日的时候，但这次不可避免。我需要与鬼冢公司签订一份新的合作协议，或者确定不再续签，但我需要一个明确的答案。北见总是不明确表明态度，他在我抵达日本前不会跟我坦白他对续约的想法。

续约三年

再一次，我置身于会议室，周围都是鬼冢的高管。这次，鬼冢先生没有标志性地最后入场，也没有故意缺席，他从一开始就出席并主持会议。

他一开场就表示自己计划与蓝带体育公司续约三年。听到这个消息，几周以来，我首次露出笑容。然后，我希望乘胜追击，请求延长合约时间。1973年感觉似乎距离遥远，但其实不过是一眨眼的事情。我需要更多时间和安全感，我的银行也需要更多。"5年可以吗？"我说。

鬼冢先生笑着说："三年。"

之后，他发表了一篇奇怪的讲话。

虽然多年来全球销量不佳，而且出现了某些战略性的错误决策，但鬼冢的未来是光明的。通过削减成本和结构重组，鬼冢公司重获优势。下一财年的销量预计会达到2 200万美元，其中一大块将来自美国市场。近期的一项调查表明，70%的美国跑步运动员都有一双鬼冢虎。

对此，我很清楚，可能我还为这个数字贡献过一份力量，我想要这么说。那也是我希望合约时间更长的理由。

但鬼冢先生表示，鬼冢稳定销量的最大功臣应该是……北见。他低头望去，对着北见露出父亲一般慈祥的笑容。他因此决定给北见升职，让他担任公司的运营经理，也就是鬼冢公司的伍德尔。不过我还记得自己曾想过，哪怕是用 1 000 个北见换一个伍德尔，我也不会愿意。

我向鬼冢先生点头表示对其公司美好未来的祝贺，然后转身对北见点头表示对其升职的祝贺，但在我抬头与北见眼神交流的时候，我在他的目光里探出一丝冰冷，一种数日以来如影随形的感觉。

我们顺利签订协议，协议内容只有四五段话，薄薄的一张纸。我突然觉得协议内容应该更为翔实，最好能邀请律师来审核一下，不过却没有时间了。签订协议后，我们就开始其他话题。

任人宰割

如愿签订新合约让我如释重负，但在返回俄勒冈之后，我却觉得忧虑不已，比过去 8 年中的任何时候都更紧张。显然，我的行李箱中装着鬼冢公司将在未来三年为我供货的保证，但是他们为什么拒绝签订更长时间的协议呢？更主要的是，延长合约具有误导性。鬼冢保证会供货，但他们总会习惯性地拖延相当久。关于这一点，他们无所谓的态度着实让人抓狂。他们总是表示还要几天。面对始终表现得更像是高利贷主而不是银行家的华莱士，几天对我可能就意味着灾难。

鬼冢的货物最后抵达目的地，情况又是怎样呢？要么是数量不对，要么是尺寸不对，要么就是型号不对。这类不符合要求的货物堆满仓库，销售代表苦不堪言。

我从田径场上
学习到的比赛的艺术
就是遗忘的艺术,
而如今
我要提醒自己
记住这个事实。
你必须忘记自己的
限制因素,
你必须忘记自己的
疑惑、痛苦和
过去。

THE ART OF COMPETING, I'D LEARNED FROM TRACK, IS THE ART OF FORGETTING, AND I NOW REMINDED MYSELF OF THAT FACT. YOU MUST FORGET YOUR LIMITS. YOU MUST FORGET YOUR DOUBTS, YOUR PAIN, YOUR PAST.

在我离开日本前,鬼冢先生和北见向我保证他们在建造新的一流工厂,交货问题很快就会解决。我对此表示怀疑,但却无可奈何。人为刀俎,我为鱼肉。

同时,约翰逊也失去了理智。他之前经常会在信件里表示不满,现在却逐渐变成歇斯底里的激动。他说,主要问题就是鲍尔曼的 Cortez。这款鞋太受欢迎。我们应该让大家迷上这款鞋,把他们都变成实实在在的 Cortez 粉丝,而现在我们没法满足需求,导致整个供应链的上游和下游都出现不满情绪。

"天啊,我们太对不起客户了,"约翰逊写道,"幸福就是一整船的 Cortez,而现实是一整船的 Boston,表层是粗硬的羊毛,鞋舌硬得跟老式刀片一样,鞋码只有 6~6.5。"

他虽然夸大其词,不过也没有太夸张,这种事情不停地发生。我要从华莱士那里抵押获得贷款,然后煎熬地等待鬼冢公司送来鞋子,鞋子最终抵达,我却发现里面没有一双 Cortez。6 个星期后,我们的确会收到不少 Cortez,但为时已晚。

为什么会这样?大家一致同意,不仅仅是因为鬼冢破旧的工厂。最终,伍德尔提出主要原因是鬼冢显然首先考虑的是满足日本国内客户的需求,然后再解决出口问题。这种做法极度不公平,但我又能怎么办呢?我没有任何筹码。

我的信用已经耗尽

即便鬼冢的新工厂最终能解决所有交货问题,即便每批鞋都能按时抵达，鞋码、数量也都没有问题，我也仍然面临华莱士的问题。更大的订单就需要更多的贷款，而更多的贷款就意味着我更难偿还。1970年，华莱士跟我坦白他已经没兴趣再跟我玩下去了。

那天，我坐在华莱士的办公室里。他和怀特在"拷问"我这方面都很有一套，华莱士似乎乐在其中，而怀特的表情就像是在说："对不起，伙计，这是我的工作。"同往常一样，我礼貌地接受着他们的侮辱，扮演着弱小公司业主的角色：虽然充满悔恨，但依旧资金不足。我完全能把握这个角色，但我记得那种随时都可能崩溃尖叫的感觉。我一无所有时创建了这家前景光明的公司，从任何角度看它都是一头"猛兽"，它的销售额好比装了发条装置一样每年翻番，而这就是我得到的报偿吗？两个银行家像对待赖账不还之人一样地对我？

怀特试图息事宁人，说了一些支持蓝带体育公司的客套话。我明白他说的话对华莱士没有任何影响。我深吸一口气开始发言，说完后停下。我不相信自己的话会起作用，我更加笔直地坐在那里，双手抱着胳膊。这是我解决紧张情绪的新方法，我的新习惯。橡皮筋已经不再有效，在我感到压力大的时候，在我想要遏制某人的时候，我就会紧紧地抱着胳膊一言不发。那天，这个习惯更为突出，我看起来肯定就像是在练习自己在泰国学会的某些奇怪的瑜伽姿势。

这次的核心问题不只是以往关于增长速度的观点分歧。蓝带体育公司的销售额即将逼近60万美元，而那天我打算要求贷款

120万美元,这个数字对华莱士而言有着重大意义,这是我第一次打破百万美元大关。在他看来,这就像是在4分钟内完成一英里一样,几乎没有几个人可以做到。他说他担心这一切,担心我。他第n次跟我解释他追求的是现金余额,而我也第n次礼貌地表示,如果我的销售额和收益不停地上升,他应该乐于与我合作。

华莱士用他的钢笔在桌子上大声敲击。他正式地、坚定地、不留一丝余地地说,我的信用已经耗尽。在我向我的账户存入现金作为担保前,他不会再授权给我一分钱贷款。所以与此同时,他会为我制定严格的销量定额。他说,哪怕只差一天达到定额,就……他没有说完。他的声音渐渐消失,只留下我在沉默中思考最坏的情况。

我转向怀特,他给了我一个表情:我也无计可施,伙计。

公开募股

几天之后,伍德尔把鬼冢公司的电报拿给我看,大额春季订单已经准备发货,他们要求我们支付两万美元。太棒了,他们这次竟然按时将货物装船。

我们只有一个麻烦——我们并没有两万美元,而且明显我不可能再去找华莱士,不可能请求华莱士改变主意。

所以我致电鬼冢,请求对方等我们从销售那边获得更多收益后再把鞋子运送过来。"请不要觉得我们面临经济困难。"我写道。这本身并不是一个谎言。我跟鲍尔曼也是这么说的,我们没有破产，只是没钱。我们有很多资产，却没有现金。我们只需要更多时间，现在轮到我说"还要几天"了。

在等候鬼冢公司回复的同时，我意识到只有一种方式可以永久性地解决现金流问题，那就是一次小规模的公开募股。如果我们可以按两美元的股价出售蓝带体育公司 30% 的股份，我们就能在短短几天内筹集到 30 万美元。

当时，募股的时机似乎也是理想的。在 1970 年，第一批风险投资公司开始出现。风险资本的整体概念逐渐呈现在人们视野中，不过构成风险资本家稳健投资的理论却没有广泛推出。多数新的风险投资公司都在加利福尼亚北部，所以主要被高科技和电子公司所吸引。硅谷几乎全部公司都有风投的参与。因为这类公司多数都有一个听起来面向未来的名称，所以我就为蓝带体育公司组建了一家控股公司，名字后缀为体育技术公司，旨在吸引喜欢技术的投资者。

伍德尔和我把公开募股的宣传页分发出去，然后坐在那里等待热烈的反响。

毫无反应。

一个月过去。

还是一片沉默。

没有一个人来电，没有一个人。

更确切地说是几乎没有一人。我们以每股一美元的价格，成功售出 300 只股票。

买家是伍德尔和他的母亲。

最终，我们撤销募股。那简直就是一种侮辱，之后我内心经过多次激烈的对话，指责经济萧条、越南战争，也是第一次破天荒地指责我自己。我过高地估计了蓝带体育公司的价值，高估了我一生努力的事业。

在早晨喝第一杯咖啡的时候或是在晚上准备入睡之时，我不止一次地告诉自己：可能我就是个傻瓜？可能整个所谓的运动鞋事业不过是傻瓜的小打小闹？

可能是吧，我想。

可能。

我从应收账款中拼凑出两万美元，结清银行欠款，从鬼冢公司顺利取得货物。我再一次长舒一口气，之后的日子都要勒紧腰带过了。下次我又该怎么办呢？再下一次呢？

我需要现金。那个夏天尤为炎热，金色的阳光、纯蓝的天空，一切都显得懒洋洋的，就像是天堂。所有一切都仿佛在嘲笑我和我的心情。如果1967年的夏季是恋爱的夏季，那么，1970年的夏季就是流动资产的夏季，而我完全没有流动资产。我每天都在思考流动资产，谈论流动资产，寻找上帝请求赐予流动资产、我的流动的王国。这真是一个比净资产更令人作呕的词。

最终，我做了根本不想做，发誓决不会再做的事情：我找所有熟识的人借钱。朋友、家人、熟人，甚至把手伸向之前的队友，那些和我一起流汗、训练、比赛的人，包括我之前的主要竞争对手格雷尔。

我听说格雷尔从他祖母那里继承了一大笔遗产。此外,他还投身于各类高盈利的创投企业。他为两家杂货连锁店担任业务员,同时还兼职向毕业生出售学士服和学士帽,据说他还有两家创投企业也都做得相当不错。有人说他在阿罗黑德湖(Lake Arrowhead)还有一大块地,在那里他住在一幢奢华的房子里。这个人生来就是赢家(他甚至仍然参加某些跑步比赛,很快就成为世界顶尖选手)。

那个夏季在波特兰有一场全民公路赛,赛后佩妮和我邀请一群人来家里做客,参加鸡尾酒会。我当然邀请了格雷尔,然后等待适当的时机。当每个人都身心放松后,我请格雷尔单独聊几句。我把他带进房间,简短、生动地讲述了我的故事:新公司、现金流问题、可观的前景等。他表现得和善、礼貌,然后愉快地笑着说:"我不太感兴趣,巴克。"

无计可施、别无选择的我一整天都坐在桌子旁,盯着窗外。伍德尔敲门走进办公室,他关上门说他和父母打算借给我5 000美元,他们不会要求任何回报,也不会提利息的事情。事实上,他们甚至不会要求任何纸质形式的借款证明。他说,他马上要去洛杉矶找博克,但在他离开的时候,我应该开车去他家,找他的父母拿钱。

几天后,我做了超乎想象的事情,之前完全没有想过自己会做的事情。我开车去伍德尔家,找他的父母借钱。

我清楚伍德尔家的条件并不好。我知道他们还需要支付伍德尔的医药费,他们比我的处境更艰难。这5 000美元是他们毕生的积蓄，我比谁都清楚这一点。

但我错了。他的父母还有些留存的积蓄，而且还问我是否也需要。我说是的。他们就把最后的 3 000 美元也给了我，全家积蓄就此清零。

我多希望我可以把支票放在桌子抽屉里不兑现，但我不能，也无法这么做。

我在离开的时候停下脚步，问他们："你们为什么这么做？"

"因为，"伍德尔的母亲说，"如果你对自己儿子为之奋斗的公司都无法信任，你还能信任谁呢？"

我不是一个肥胖、臃肿、久坐不动的跑鞋公司老板

佩妮仍然在寻找各种创新方法来使用那 25 美元的家用，那些新方法包括 50 种不同的牛肉烩饭，我的体重直线飙升。在 1970 年年中的时候，我的体重已经达到历史最高的 86 公斤。一天早晨，准备出门工作的我穿上以前比较宽松的西装，结果发现一点都不宽松。站在镜子前面，我对着自己说道："哇——噢——"

我的发胖不仅有烩饭的原因，还因为我多少也已经放弃自己跑步锻炼的习惯。蓝带体育公司、结婚、生子，我根本没有时间锻炼，每天都觉得筋疲力尽。虽然我曾经很喜欢为鲍尔曼跑步，但也同样讨厌着这件事。所有大学运动员都会出现同样的情况，

多年高水平的训练和比赛已经消耗了他们的热情，他们需要休息一番。但如今休息已经结束，我需要回到那里，我不想变成一个肥胖、臃肿、久坐不动的跑鞋公司老板。

如果紧身的西服和虚伪的幽灵还不足以刺激我的神经，那么不久之后另一个动力就出现了。

在全民公路赛后不久，在格雷尔拒绝借钱给我后，他和我单独来了一场跑步比赛。全程4英里，我看到格雷尔不断失望地回望着我大口喘气地努力跟上。他不借我钱是一回事，可怜我则是另外一回事。他清楚我的尴尬，所以向我发起挑战。"这个秋天，"他说，"我们来一场一英里的比赛。我会让你一分钟，如果你打败我，每差一秒钟，我就付你一块。"

整个夏天我都努力训练，每晚工作结束之后都习惯去跑10公里。没过多久，我的体形就恢复如初，我的体重已降到72.6公斤。等到那个重要的比赛日来临时（伍德尔负责计时），我从格雷尔那里赢了36块（尤其是格雷尔在下一周的全民比赛中跑出了4'07"，胜利的喜悦就更加凸显了）。那天开车回家的路上，我都觉得无比自豪。我告诉自己，继续前进，不要停下。

历史上最好的运动员

在临近年中的时候，也就是在1970年6月15日，我从邮箱里取出《体育画报》（Sports Illustrated），看了以后震惊不已。封面是一个俄勒冈运动员，不是普普通通的一个俄勒冈运动员，

而可能是历史上最好的运动员，比格雷尔还出色。他的名字是史蒂夫·普雷方丹（Steve Prefontaine），照片上的他正在奥林匹斯山，也就是鲍尔曼山一侧冲刺。

里面的文章把普雷方丹描述为震惊世人、几十年不遇的非凡人物。他在高中的时候就已经广为人知，创下两英里 8'41" 的全国纪录，但现在，在俄勒冈大学一年级，在参加两英里比赛时就打败格里·林格伦（Gerry Lindgren）这个不败神话。他超过格里 27 秒，用时 8'40.0"，是那年的全国第三。他的三英里成绩是 13'12.8"，在 1970 年是全球速度最快的。

鲍尔曼对《体育画报》的记者说，普雷方丹是当今中长跑运动员中最快的，我从未听说我那古板的教练对谁展示过这样的热情。之后的几天，在我剪下的另几篇文章中，鲍尔曼表现得更热情洋溢，称普雷方丹"是我所有运动员中最棒的"。鲍尔曼的助手比尔·德林杰表示普雷方丹的秘密武器就是他的自信，他的自信就跟他的肺活量一样出人意料。"通常，"德林杰表示，"我们的队员花了 12 年才建立自信，而这个年轻人天生就与众不同。"

是的，自信。它比净资产更重要，比流动资产更重要，这才是一个人需要的。

我希望自己更加自信，我希望我可以借来一些自信。但自信就好比金钱，你必须有了一部分才能获得更多。人们通常都不情愿借给你。

日商岩井，日本第六大贸易公司

那个夏季，另一本杂志也刊登了一则出人意料的新闻。在浏览《财富》杂志时，我注意到与自己之前在夏威夷的老板有关的新闻。我离开那里之后的几年内，伯纳德·科恩费尔德积累的财富越来越多。但现在，他放弃了德赖弗斯基金，开始出售自己的共同基金的股份，以及金矿、地产和各式各样的其他东西。他建造了一个帝国，而和所有帝国最终的下场一样，这个帝国开始土崩瓦解。这则新闻让我备感震惊，迫不及待地翻页打算继续深入了解，结果却看到一篇关于日本新兴经济大国的空洞分析。文章表示，广岛被原子弹轰炸已过去 25 年，日本已重获新生。它是世界第三大经济体，正势不可当地变得更加强大。它将进一步巩固其地位，扩大影响力。除了在创新思维和工作方面比其他国家更出色外，日本采取的贸易政策也是坚决彻底的。文章随后简单描述了这类贸易政策的基础：日本极端激进的"sosa shoga"。也就是贸易公司。

准确定义最初的日本贸易公司到底是什么样的比较困难。它们有时是进口商，为没有途径获得原材料的公司在全球搜索、购买原材料；有时是出口商，代表海外的某些公司；有时可能是私有银行，为各类公司提供宽松条件的信贷；还有时就是日本政府的分支。

我把这段时间的所有这类信息归档。一段时间后，我又一次去第一国民银行，华莱士又给了我难堪，我走出去看到东京银行的标识。当然，其实之前我无数次见过这个标识，但它如今于我而言却有不同的意义。

无论喜不喜欢，
人生就是一场比赛。

LIKE IT
OR
NOT,
LIFE IS
A GAME.

一想到大块的补丁可以补上，我就晕乎乎地直接走到对街，进入东京银行，找到前台的服务人员，表示自己拥有一家运动鞋公司，货物都是从日本进口的，而我想与某人谈论一下业务。那个服务人员即刻秘密地领着我进入后面一间屋子，然后留我一个人在那里。

两分钟之后，一个男人走进来，非常轻手轻脚地坐在桌旁。他等着我说话，而我也在等着他。他继续耐心等待。最终，我开始说话。"我有一家公司。"我说。"是吗？"他说。"一家运动鞋公司。"我说。"然后呢？"他说。我打开手提箱。"这是我的财务报表。我面临着可怕的困境。我需要贷款。我不久前在《财富》上读到一篇关于日本贸易公司的文章，文章表示这类公司的贷款条件更宽松，您是否有合适的公司可以引荐给我？"

这个男人露出笑容，他也读过同样的文章，表示碰巧日本第六大贸易公司在他们楼上就有一个办事处，就在这栋楼的顶层。他说，所有日本大型贸易公司在波特兰都有办事处，但这家比较特别，日商岩井是唯一一家在波特兰建有商品部的公司。"这家公司价值1 000亿美元。"银行家说着眼睛越张越大。"噢，伙计。"我说。"请等一下。"他说着离开房间。

几分钟之后，他带着日商岩井的一个管理人员回到房间，这个人名叫村上康。我们握手谈论日商岩井为我未来的进口业务提供资金的可能性，严格来说是设想。我有兴趣，他也相当有兴趣，当场就为我提供了一份合作协议。他伸出手，但我无法与之相握，至少目前还不能，我首先必须与鬼冢公司讲清楚这一点。

我给北见发了一封电报,询问是否反对我与日商岩井的合作。几天过去,几周过去,鬼冢公司没有任何回应。有时没有消息就是坏消息,有时没有消息就是好消息,但没有消息总是代表某类消息。

鬼冢在密谋撕破协议?

在等待回复的过程中,我接到一个麻烦的电话。东海岸的一家鞋类经销商表示,鬼冢公司已经授权他成为新的美国经销商。我让他再重复一遍,慢点说。他照做了,他说他没有打算让我生气,也没有打算帮我摆脱困境或是警告我,只是想了解我的交易状态。

我浑身不停地颤抖,剧烈地心跳。在与我签订新合约后不过数月,鬼冢就密谋撕破协议?他们在我延期接收春季那批货的时候是不是就已经有所打算?北见是不是就这么简单地决定了不再在乎我的生意?

我唯一的希望就是东海岸的这个经销商是在撒谎,或者这就是个误会。可能他误解了鬼冢的意思,可能这只是开玩笑?

我致信藤本,表示希望他喜欢我给他买的自行车,在不突兀的情况下,我要求他找出任何他可以发现的事情。

他即刻就回复,表示经销商说的都是真的。鬼冢正在考虑与蓝带体育公司一刀两断,而北见在与美国的多家经销商联系。藤本补充道，目前没有确定计划打破与我的合约，但鬼冢正在审核、调查候选公司。

我试图关注好的方面，鬼冢没有确定的计划也就意味着我还是有希望的，我仍然可以赢回鬼冢的信任，改变北见的想法。我要做的只是需要让北见明白蓝带体育公司是什么样的公司，而我又是什么样的人。换言之，我可以邀请他来美国友好参观。

1971 我们需要一个标识

"这个似乎像是翅膀。"一个人说。"像是'嗖'的一声在空气中留下的痕迹。"另一个人说。也像某个跑步运动员飞速留下的踪影。我们都觉得这个标识独特新颖、创意十足,多少又透露出一股子古老的气息。它具有永不过时的气质。

"猜猜谁要来和我们共进晚餐。"伍德尔说道。他推着轮椅进入我的办公室,把电报递给我。北见接受了我的邀请,打算来波特兰住几天,然后会去美国其他地方四处游览,不过没有表明具体原因。"他应该是来访问其他候选的经销商的。"我对伍德尔说。他点头表示同意。

那是1971年的3月,我们发誓要让北见度过人生中最难忘

的时光,让他在回国的时候内心充满对美国、俄勒冈、蓝带体育公司和我的喜爱。在我们这么招待他后,他就无法再与其他任何人做生意。而且我们都一致决定此次访问应该高调收尾,以在我们的宝贵资产——鲍尔曼的家里举行一场盛大晚宴为结束。

不是秘密的任务之旅

在准备这场魅力攻势时,我自然而然地请求佩妮的帮助。

我们俩一起去给北见接机,然后直接载他去了俄勒冈海岸边她父母的海边小屋。

陪同北见一起来美国的是他的私人助理,类似于拎包人、私人助理和秘书,名叫岩野拓。他还是个孩子,20岁出头,天真无邪。我们在开车前往日落公路前,佩妮就已经将他收服。

我们尽最大努力保证北见两人能在太平洋西北部悠闲地度过周末。我们与他们坐在门廊,体会空气中夹杂着的海水腥味。我们领着他们在沙滩上漫步。

我们本希望将大部分注意力都集中在北见身上,但佩妮和我都发现跟岩野交流更容易一点,因为他不仅读过许多书,而且看起来也更诚实。北见似乎在过去几年中变得越来越狡诈。

周一,天空明朗,我一早就驱车带北见返回波特兰,前往第一国民银行。就在我决定要让这场旅行给他留下深刻印象的同时,我觉得他也可能会在吸引华莱士方面对我有所帮助,可能可以让华莱士为蓝带体育公司担保，让我更轻松地获得贷款。

怀特在大厅里接见我们，然后领着我们走进一间会议室。我环顾四周，问道："华莱士呢？""啊，"怀特表示，"他今天没空。"

什么？跟华莱士见面才是参观银行的重点所在，我希望华莱士能听到北见对我清楚明白的支持。我心想，噢，好吧，好警察肯定会把这份支持传达给坏警察的。

我简单地说了几句开场白，表示相信北见将会加强第一国民银行对蓝带体育公司的信任，然后就把发言权交给了北见。怒容满面的北见接下来做的事无疑使我的处境更加艰难。"你们为什么不给我的朋友更多钱？"他对怀特说。

"什、什、什么？"怀特问。

"你们为什么拒绝给蓝带体育公司贷款？"北见挥着拳头砸在桌子上说道。

"是这样的……"怀特说。

北见打断他的话："这是什么样的银行？我完全无法理解！可能蓝带体育公司没有你们的支持会更好！"

怀特脸色发白，我试图插句话，试图重新解释北见所说的内容，试图把责任推到语言障碍上，但会议就这么不欢而散了。怀特猛地冲向门外，我惊诧地望着北见，而对方的表情却是"我做得不错"。

我从北见的公文包里"借"了文件

我载着北见前往我们在泰格德的新办公区,带他四处参观,为他引荐整个工作团队。我努力保持自己的风度,保持愉悦的情绪,克制自己不去思考刚刚发生的一切,否则我担心自己随时可能爆发。但在我邀请北见坐到我桌子对面的椅子上时,他却对我大发脾气。"蓝带体育公司的销售太让人失望了,"他说,"你们本可以做得更好。"

我惊诧地表示我们的销售额每年翻番增长。他厉声表示,还不够好。"某些人说应该呈三倍增长。"他说。"什么人?"我问。"那个不重要。"他说。

他从手提箱里拿出一个文件夹,打开之后大声阅读,然后又迅速合上。他反复强调对我们的数字不满意,觉得我们没有尽全力。他再次打开文件夹,又再次合上,然后塞进自己的手提箱。我试图为自己辩解,但他却厌烦地摆手。我们沉默地来回走动,礼貌却紧张。

经过近一个小时这样的情况之后,他表示想要去一下洗手间。就在大厅尽头,我对他说。

他离开我视线的那一刻,我就从桌子后面跑过去,打开他的手提箱,胡乱地翻找与他之前查阅的文件夹类似的文件夹。我把它塞到桌子上的记事簿里,然后迅速回到位子上,把自己的手肘搁在记事簿上。

在等待北见回来的时间里,我突然冒出奇怪的想法。我总是回想起自己在童子军做志愿者的事情，总是想起自己在鹰级童子军审核委员会，为了荣誉和集体颁发荣誉勋章的事情。每年两到三周的时间里，我会提问那些双颊通红的男孩，了解他们的诚实度和正直感，而如今我却从另一个人的手提箱里偷文件？我在迈向黑暗的深渊，不清楚自己到底会走向何方。无论如何，都没有办法回避这种行为的直接后果，我必须把自己从下一次的审核委员会中撤换掉。

我多么希望可以研究那份文件夹里的内容，影印里面的每张纸，然后与伍德尔仔细研究，但北见很快就返回办公室。我继续随他斥责萧条的数字，随他大发脾气，而在他停下的时候，我总结表达自己的立场。我冷静地表示，如果我们可以订购更多的鞋子，就可能提高销售额；如果拥有更多的资金，我们就可能订购更多的鞋子；如果我们有更多的担保，银行就可能为我们提供更多资金，我们就可以与鬼冢签订更长期的合同。他再次摆手。"借口。"他说。

我提出通过日商岩井之类的日本贸易公司为订单提供资金的想法，几个月前我在电报中就曾提过。"哈，"他说，"贸易公司？他们会先给钱，然后给人，然后接手！一步步渗入你的公司，最后接手你的公司。"

北见的意思是，鬼冢只能制造其四分之一的鞋子，其他四分之三都是外包出去的。他担心日商岩井可能会发现鬼冢的工厂网，然后就绕过鬼冢成为制造商，把鬼冢踢出局。

北见站起来，表示需要回酒店休息。我说我找个人开车送他回去，稍晚时候会在他所在酒店的酒吧里与他共饮一杯。

他前脚离开，我后脚就找到伍德尔，跟他坦白刚刚的一切。我拿出文件夹。"我从他的手提箱里偷出这个。"我说。"你做了什么？"伍德尔最初相当震惊，但也跟我一样好奇文件夹的内容。我们一起打开文件夹，放在他的桌子上，发现文件夹里除了其他内容外，还有一份美国18家运动鞋经销商的名单和与一半经销商预约见面的时间安排。

所以事情就相当明显了，白纸黑字骗不了人。某些人，某些污蔑蓝带体育公司的人，破坏北见对我们印象的人，都是我们的竞争对手，而他就要与这些人见面了。我们消灭一个东海岸牛仔，还会有更多的20人站出来。

我毫无疑问愤慨至极，但更多的是受伤。7年来，我们都为鬼冢虎鞋兢兢业业。我们才是把鬼冢虎引入美国的功臣，我们才是重新发明新系列的人。鲍尔曼和约翰逊向鬼冢展示如何改进鞋子，他们的设计如今也已成为基本潮流，创下销售纪录，改变整个行业的面貌，而我们又得到了什么样的回报呢？

"如今，"我对伍德尔说，"我必须跟这个犹大见一面。"

我先去跑了10公里，我不清楚我是什么时候跑得更卖力了，或是心不在焉了，每跑一步我都对着树林大吼，对着挂在枝头的蜘蛛网尖叫。这种做法是有用的，在我完成洗漱穿戴整齐然后驱车前往北见所在的酒店时，我几乎已经平静下来。或者，我可能还是处于震惊之中。在接下来我们见面的那一个小时中，北见所说的、我所说的，我都毫无印象。我记得的就是，第二天上午，在北见来到办公室时，我和伍德尔配合完成了一场骗局游戏。有人将北见堵在了咖啡间，伍德尔用轮椅堵住我的办公室大门，然后我悄悄地把文件夹放回了他的手提箱。

盛大晚宴

在北见参观访问的最后一天，就在盛大晚宴前的几个小时，我匆忙赶往尤金市与鲍尔曼和他的律师贾卡商谈。我留下佩妮稍晚时开车送北见去参加晚宴，我心想，没有比现在更糟糕的状况了吧？

我见到佩妮时，她头发凌乱，裙子上都是汽车油渍，她就这样一路开到鲍尔曼的家。她把我拉到一旁，解释说他们的车胎在路上爆了。"那个混蛋，"她小声说道，"当时居然待在车里一动不动，就在高速公路上，让我独自一个人换轮胎！"我把她带到屋内。

鲍尔曼太太把我们聚集在客厅里。"欢迎我们来自远方的客人。"她宣布。

掌声雷动。

对北见而言，这趟美国之行的所有活动，如参观银行、与我见面，以及参加鲍尔曼一家的晚宴，不是为了蓝带体育公司，也不是为了鬼冢公司。与其他事情一样，一切都是为了他自己。

"把公司卖给我"

北见离开波特兰的第二天就踏上了已不再是秘密的任务之旅——对蓝带体育公司过河拆桥的美国之行。我再次询问他的目的地，但他也同样没有回答。"一路顺风。"我说。

我近期已经委托我在普华的前任上司海斯为蓝带体育公司做一些咨询顾问工作，现在我与他碰头，计划北见返回前的下一步行动。我们一致同意最好的措施就是保持平静，尝试说服北见不要离开，不要放弃我们。即便觉得生气、受伤，但我需要承认离开鬼冢，蓝带体育公司就会一败涂地。海斯表示，我需要紧紧抓住我认识的这只"恶魔"，说服他紧紧抓住他认识的"恶魔"。

在临近周末，"恶魔"回来的时候，我邀请他在飞回日本前再次参观一下泰格德。我再次尝试不受一切干扰，把他带进一间会议室，伍德尔和我坐在桌子一边，北见和他的助理岩野坐在另一边。我脸上露出一个大大的笑容，表示我们希望他喜欢此次的美国之旅。

他却再次提及自己不满意蓝带体育公司的表现。

不过，这次他也提出了解决方案。

"说吧。"我说。

"把公司卖给我。"他的语调非常温柔。我脑海中忽然闪过一个念头：我们生命中某些最困难的事情都是被温柔地说出来的。

"什么？"我说。

"鬼冢公司愿意收购蓝带体育公司51%的控股权。这是你们公司最好的选择,而你肯定会明智地选择接受。"

这是一次接管,一次充满敌意的疯狂举动。我望着天花板心想,他肯定是在开玩笑。怎么可以这样高傲、卑劣、不知好歹、欺凌弱小……

"如果我们不这么做呢?"
"那我们没有办法,只有建立更高级别的经销商。"
"更高级别。呃,我清楚了。那我们的书面协议呢?"
他耸耸肩,未置一词,这就是他对协议的态度。

我不得不克制地自己思考,我没法对北见表达自己的看法,也没法跟他说随便他另找他人,因为海斯说得没错,我仍然需要他。我没有后备支持,没有另一套备用计划,没有现有战略。如果我要拯救蓝带体育公司,我就需要尽力诱导他,按照我的计划行事,才不至于吓坏消费者和零售商。我需要时间,所以我需要鬼冢尽可能为我长期供货。

"嗯,"我用力控制自己的语调,"我还有个合伙人,就是鲍尔曼教练。我必须跟他商量一下。"

我确信北见已经看穿这种生涩的推托,但他还是起身,整理一下裤子,笑着说:"跟鲍尔曼博士好好聊一聊,然后再来找我。"

我挺想揍他的,但我没有,而是与他握手告别。他和岩野走出公司。

在北见走出会议室的那一刻,伍德尔和我望着会议桌的纹理,让寂静蔓延开来。

打破常规者，
人恒敬之。

YOU ARE
REMEMBERED
FOR
THE RULES
YOU BREAK.

第一国民银行留下的"烂摊子"

我把自己第二年的预算、预估,以及标准的贷款申请都寄送给第一国民银行。我本打算随附一封道歉函,请求怀特原谅北见的无礼,但我清楚怀特不会在意。此外,华莱士当时也不在那里。在怀特收到我的预算和预估后的几天,他请我过去详谈。

刚坐下没有两秒,他就通知我:"菲尔,我觉得第一国民银行将无法与蓝带体育公司继续合作。我们不会再为蓝带体育公司开具任何信用证。我们会以你账户所剩的资金支付剩下的到港货物,但等到最后的账单支付完,我们的关系也就终止了。"

通过怀特苍白的脸色,我可以判断他也挺苦恼的,他应该没有参与决策,这是上层的决定,所以没有必要跟他争论。我张开双臂说:"我能做什么呢,哈利?"

"再找一家银行。"

"那如果找不到呢?我的公司就将毁于一旦,对吗?"

他低头看着文件,整理之后用回形针固定起来。他跟我说银行高管们对蓝带体育公司的问题分歧相当大。某些人支持,某些人反对,而华莱士才是那个最后决定的人。"我对此觉得恶心,"怀特表示,"太恶心了,所以要请一天病假。"

我连选择的权利都没有,浑浑噩噩地走出第一国民银行,开车径直前往美国合众银行。我请求他们接受我的贷款申请。

"对不起。"他们说。

他们无意接手第一国民银行留下的"烂摊子"。

三周之后，蓝带体育公司，我的公司，从一文不名到1971年创下130万美元的销售额的公司濒临绝境。我与海斯交谈，与父亲交谈，与我所知道的每个会计师交谈，其中一人提到加利福尼亚银行（Bank of California）有一条特许，可以在三个西部州开展业务，其中包括俄勒冈。此外，加利福尼亚银行在波特兰还有一家支行。我匆忙赶往银行，他们的确热情招待了我，为处于"风暴"中的我提供了庇护所，还有一小笔贷款。

不过，这也只是权宜之计。它们都是银行，而银行本质上都是趋避风险的。不论我们的销量有多少，加利福尼亚银行不久就会警醒地察觉我的现金余额是零。我需要未雨绸缪。

我不停地想到那家日本贸易公司——日商岩井。深夜，我会思考："他们的营业额已达1 000亿美元……却急切地想要帮助我。为什么？"

对于创业公司，日商岩井采用的是薄利多销的策略，所以喜欢增长前景好的成长型公司。毋庸置疑，我们正是这样的公司。在华莱士和第一国民银行的眼里，我们是颗地雷，但对日商岩井而言，我们可能是座金矿。

所以我再次回到那里，与从日本外派过来运营新的一般商品部的汤姆·皇见面。皇毕业于东京大学，东京大学相当于日本的哈佛大学。他长得特别像日本著名电影演员三船敏郎，三船敏郎曾因扮演宫本武藏而广为人知。宫本武藏是历史上著名的武士，著有不朽的剑法和兵法著作《五轮书》。

他对我表示，日商岩井愿意成为银行之后的第二贷款提供者，那样肯定会缓解银行方面的压力。此外，他还提供了一条宝贵的信息：日商岩井近期派遣了一支代表团前往神户，调查为我们提供资金的问题，同时希望说服鬼冢继续进行这项贸易，但鬼冢却严词拒绝日商岩井代表团的提议。一家市值2 500万美元的公司拒绝一家1 000亿美元的公司？日商岩井毫无疑问相当尴尬和愤怒。"我们可以为你引荐不少日本境内的高品质运动鞋制造商。"皇笑着说。

我再三权衡，仍然希望鬼冢"良心未泯"，而且也担心书面协议的某项内容会禁止我进口其他品牌的田径鞋。"我可能再等一段时间吧。"我说。

皇点头表示同意。该来的迟早都会来的。

3 000双鞋，与墨西哥的"加拿大"签约

由于这个戏剧化的转变，每晚回家之后我都觉得身心俱疲，但在跑完10公里、洗完热水澡、独自快速解决晚餐之后（佩妮和马修在4点钟左右吃饭），就会再次精力充沛。我总是想着要找时间跟马修讲个睡前故事，总是想着找个具有教育意义的睡前故事。我虚构了一个主角，名叫马特·希斯特里（Matt History），在样貌和行为上都与马修·奈特相近，然后就把这个主角安插在每个故事中。马特·希斯特里在福吉谷（Valley Forge）与乔治·华盛顿在一起。马特·希斯特里在马萨诸塞州与约翰·亚当斯（John Adams）在一起。马特·希斯特里亲眼见证保罗·列维

尔（Paul Revere）骑着借来的马匹穿行在黑夜中，警告约翰·汉考克（John Hancock）英国军队即将抵达，紧跟在列维尔身后的是个少年老成的年轻马夫，来自俄勒冈波特兰郊区……

马修总是会捧腹大笑，因为自己在这些冒险中而备感激动。他会挺直腰杆坐在床上，乞求我再多讲一点。

等到马修睡着之后，佩妮和我会谈论一下当天的事情，她经常会问如果事情变得越来越糟我们要怎么办。我会对她说："最不济我还能去做会计师。"我的语气听起来不是特别真诚，因为我也不确定。我可不喜欢被困在这类冒险挑战中。

最终佩妮会扭头看电视，重新开始做针线或是读书，而我会躺回躺椅，开始夜间的自我问答。

我知道什么？
我知道鬼冢是不值得信任的。
我还知道什么？
我知道我与北见的关系已经无法修补。
未来会怎样发展？

不管怎样，蓝带体育公司和鬼冢都会分道扬镳，而我要做的是在寻找其他货源的同时尽可能地拖延时间，这样才能应对关系破裂的后果。

第一步怎么做？

我需要吓退鬼冢，让其打消寻找其他代替我的经销商的想法。我可以寄信威胁他们，如果他们违反合同，我就要起诉他们，这样可以对他们进行出其不意的打击。

第二步怎么做？

寻找代替鬼冢的货源。

我突然想到之前听说的一家工厂，就在瓜达拉哈拉。据说为了躲避墨西哥关税，阿迪达斯在 1968 年奥运会期间就是在那里制造运动鞋的。我记得那些鞋子质量不错，所以计划着与工厂经理见一面。

虽然工厂地址是在墨西哥中部，但工厂却叫"加拿大"。我随即就询问经理这么命名的理由。他表示，他们选择这个名字是因为听起来有异域风情。我笑起来。加拿大？异域风情？我觉得不像是异域风情，反而像是喜剧，更别提会让人产生误解。一个在美国边境南部的工厂却以边境北部的国家名字命名。

好吧，我并不在乎这些。在四处参观后，在盘点当前鞋子生产线的数量后，在调查皮革车间后，工厂的一切都让我印象深刻。整个工厂面积大、环境整洁、运营良好。此外，这里还有阿迪达斯的备案。我告诉他们我想要下单 3 000 双皮质英式足球鞋，计划作为橄榄球鞋出售。厂长问我品牌名称，我表示需要回去才能确定。

合同签订得很顺利。我望着签名处的虚线，手里握着笔却有些犹豫。问题已经正式摆上台面，这么做会不会违反与鬼冢的合同？

不要停下来,
甚至在你达到目标前
都不要想
是不是要停下来,
不要过多地关注
"目标"到底在哪里。
无论面临什么,
都不要停下。

DON'T STOP.
DON'T EVEN
THINK ABOUT
STOPPING
UNTIL
YOU
GET THERE,
AND
DON'T GIVE
MUCH
THOUGHT
TO WHERE
"THERE" IS.
WHATEVER
COMES,
JUST
DON'T STOP.

1971 我们需要一个标识

从理论上是没有的。我们与鬼冢的合同注明了只能进口鬼冢的田径鞋,而不能进口其他家的,但却没有提及进口其他家的足球鞋。所以,我很清楚自己与加拿大的这份合同没有违反与鬼冢的合作约定,但从精神层面上说呢?

6个月前,我绝对不会这么做,但如今物是人非,鬼冢已经打破我们合作的内在精神,辜负了我的期望,所以我打开笔帽,在合同上签上了自己的名字。接着,我就出门寻找墨西哥美食了。

NIKE 的诞生

现在需要操心的就是商标问题。我的新款足球鞋可能需要一个与阿迪达斯的条纹和鬼冢的标识相区别的商标。我突然想到之前在波特兰州立大学遇见的那个年轻艺术家。她的名字是什么?噢,对,卡罗琳·戴维森,之前在公司已做过一些设计宣传册和画报的工作。我再次回到俄勒冈的时候就邀请她到办公室一趟,告诉她我们需要一个商标。"什么类型的?"她问。"我不清楚。"我说。"那我发挥的空间可就大了。"她说。"我想要的是可以激起人们的动感的商标。"我说。"动感。"她半信半疑地说。

她的表情有点疑惑。这是意料之中的,我也只是在胡言乱语,并不确定自己到底想要的是什么,我毕竟不是个艺术家。我给她展示正在生产的足球鞋,对她毫无帮助地说:"这个,我们需要为这个设计一个商标。"

她表示自己会尽力而为。

"动感",她含糊地说着这个词离开办公室。动感。

两周之后，她抱着一组粗略的草图回到办公室，都是围绕单一主题的不同变形，而这个主题似乎是……肥胖的闪电，或是丰满的勾号，还是超粗的曲线？她的设计的确会激起某种动感，但也会让人产生晕动症。没有一个让我满意，所以我挑出几个不错的，让她继续修改。

几天之后，或者可能几周之后，卡罗琳再次回到办公室，把第二版的草图放在会议桌上，还在墙上挂了一些。她在原来的主题上进行了多处修改，但表现手法更加自由，比上一版好多了，更接近我所想要的。

伍德尔和我，还有其他几人仔细地研究，我记得当时约翰逊也在那里，不过记不清他为什么会从韦尔斯利过来。慢慢地，我们逐渐达成一致。我们喜欢……这个……它可能比其他的更好。

"这个似乎像是翅膀。"一个人说。

"像是'嗖'的一声在空气中留下的痕迹。"另一个人说。

也像某个跑步运动员飞速奔跑留下的踪影。我们都觉得这个标识独特新颖、创意十足，多少又透露出一股子古老的气息。

它具有永不过时的气质。

对于卡罗琳数小时的工作，我们回报她最诚挚的感谢及35美元的酬劳，然后就送她离开。

在她离开后，我们继续坐在那里盯着这个标志，这个我们选择的、默认般决定的标识。"这个标识具有引人注目的魅力。"约翰逊说。伍德尔表示同意，我皱眉摸着下巴。"你们比我更喜欢这个标识,"我说,"但我们没有时间了,不行也得行。"

"你不喜欢这个?"伍德尔问道。

我叹气:"完全不喜欢,不过可能以后说不定会非常喜欢。"我们把标识发给加拿大。

我们现在需要的就是给这个我不喜欢的标识命名。

随后的几天里,我们集思广益,最终两个备选名字最受大家推崇。

  猎鹰(Falcon)。

  六维(Dimension Six)。

我更倾向于后者,因为这是我提出的。伍德尔,还有其他人都对我说这个名字太糟糕,既不朗朗上口,也没有任何内涵。

我们在所有员工中发起投票,包括秘书、会计、销售代表、零售人员、文员、仓库管理人员。我们要求每个人都参与其中,至少提出一条建议。我向大家宣布,福特公司刚向一家顶级的顾问公司支付 200 万美元,为公司新推出的"翼虎"取名。"我们没有 200 万,但我们有 50 个聪明人,我们肯定可以取一个不逊于……翼虎的名字。"

同样,与福特不同的是,我们也要注意截止时间。加拿大周五就要开始生产鞋子了。

大家不停地争辩、大喊、讨论着不同名字的优点。某些人喜欢博克的"孟加拉虎",某些人认为唯一可能的名字就是"秃鹫"。我愤怒地抱怨着："动物名，动物名！我们是不是要把森林里所有动物的名字都想一遍。难道必须是动物吗？"

我无数次尝试说服大家接受"六维"，但无数次被员工告知这个名字太拗口。

我忘记到底是谁了，有一个人曾简洁地概括过这个状况。"所有这些名字都……太烂了。"我觉得可能是约翰逊，但记录显示那时候他已经离开回到韦尔斯利。

某天深夜，我们都筋疲力尽，耐心也已经耗尽。如果我再听到任何一个动物名字，肯定会从窗户直接跳下去。明天又是新的一天，我们说着慢悠悠地走出办公室，走向自己的车。

我回到家，坐在躺椅上。我的思绪百转千回。猎鹰、孟加拉虎、六维？还有没有其他的？其他的？

最终，做决定的一天到来了。加拿大已经开始生产鞋子，给日本的样品也已准备好，但在装运前，我们需要选择一个名称。同样，我们也准备推出全新的杂志广告，为了与到港货物相一致，需要告知平面设计师在广告上采用的商品名称。最后，我们还需要在美国专利局登记注册。

伍德尔推着轮椅进入办公室。"时间快到了。"他说。
我揉揉双眼："我知道。"
"到底选哪个？"
"我不知道。"
我的大脑飞速运转，恨不得把所有名字都融为一个——猎鹰

孟加拉虎六维。

"还有……一个建议。"伍德尔说。

"谁提的?"

"约翰逊今天一早打电话过来,"他说,"他昨晚做梦的时候想到了一个新名字。"

我的眼睛转了转:"一个梦?"

"他是认真的。"伍德尔说。

"他一直都是认真的。"

"他说他深夜坐在床上,然后眼前就浮现出这个名字。"伍德尔说。

"什么名字?"我抱着手臂问。

"耐克。"

"嗯?"

"耐克。"

"怎么拼?"

"N-I-K-E。"伍德尔说。

我在一本黄色便签本上写了出来。

希腊胜利女神、雅典卫城、帕特农神庙、胜利神庙,我迅速简短地回想着。

"我们没时间了,"我说,"耐克、猎鹰或六维。"

"每个人都不喜欢六维。"

"我除外。"

他皱眉:"你自己看着办。"

他丢下我出了办公室。我自己在本子上胡乱地画着，列出备选名字，再一个个划去。钟表正在发出嘀嗒嘀嗒的声音……

现在，我需要给工厂发送传真了。

我讨厌匆忙做决定，但我这些天似乎都在这么做。我望着天花板，我宽限自己两分钟用来纠结、选择，然后就走到大厅的传真机前，坐在那里，再给自己三分钟用来思考。

我犹豫着打出信息：新品牌的名字是……

我脑袋里有意识、无意识地盘旋回转着太多事情。首先，约翰逊指出似乎所有标志性的品牌——高乐氏、舒洁、施乐，它们都有简短的名字，通常是两个音符或更少。名字总是有重音，比如"K"或"X"之类的字母，这会让人印象深刻。这些都至关重要，而耐克正具备这些元素。

此外，我喜欢 NIKE 同时是胜利女神的名字，还有什么比胜利更重要的呢？

我可能在脑海深处听见了丘吉尔的声音。"你们问，我们的目的是什么？我可以用一个词来答复：胜利。"我可能回想起了颁发给所有第二次世界大战老兵的胜利勋章——一块铜牌，正面是雅典娜胜利女神折断一把剑。我可能……有时我相信我的确是想起了这些，但最终我却不清楚到底是什么促使我做出了这个决定，是幸运、本能，还是某些内在力量？

就这么决定了。

"你的决定是什么?"伍德尔在当天下班后问我。

"NIKE。"我低声答道。

"嗯。"他说。

"是的,我知道不是所有人都喜欢。"我说。

"可能我们会慢慢喜欢它的。"他说。

可能吧。

1972—1980
永远不要停下来

在接下来的数年中,在塑造我们品牌的时候,我们的商业运营总是处于两个极端:极度顺利和崩溃边缘,而且这两个极端状况经常同时存在。

我开始慢慢喜欢上"耐克"这个名字,就像对商业本身的感觉一样。

在接下来的数年中,在塑造我们品牌的时候,我们的商业运营总是处于两个极端:极度顺利和崩溃边缘,而且这两个极端状况经常同时存在。

1972年2月在芝加哥的体育用品展上,耐克第一次在全国范围内推出自己的品牌。在这之前,我们也曾经以鬼冢虎的美国

经销商的身份多次出现在这个展会上，但是这次不一样，我们推出了自己的品牌。这跟之前的经销商身份完全不是一码事。这个品牌对我们很重要，可以说是我们的一切。我们的新产品至少应该获得大众最低程度的喜爱，不然，我们所有员工都需要重新找工作了。

当看到第一批产品的样品时，我们几乎要崩溃了。最初的样品跟艺术品一样精致美观，但是这些样品完全不是我们想象中的样子。胶水溅在中底上，缝线又有点弯曲。这些鞋子的功能没有问题，但不像最初的样品那么美观。而且，这些鞋子大部分采用的是鬼冢虎的款式设计，毕竟我们以前是为鬼冢虎设计和命名了它们。

当展览开始的时候，我们觉得更加崩溃了，但是在结束时又感觉好了很多。销售代表跑来看我们的产品，之后就开始预订我们的产品。出乎我们的意料，订单比我们需要的多得多。我们又重新杀进市场了。

两个星期后，北见来了俄勒冈。我们在尤金见面，北见对我们的"背叛"表示很遗憾，并且递给我们一张终止合约的书面通知。贾卡建议我们好好坐下来谈谈。北见态度很坚决，但提出想让比尔·鲍尔曼当鬼冢公司的付费顾问。鲍尔曼感到很震惊，一时间说不出话来，过了一会儿很坚定地说，这是不可能的。整个屋子里都弥漫着硝烟的味道，这次会面谈崩了。

正如预料的一样，大家不欢而散。

我们只能靠自己了，而我们所能依靠的就只是一家不太能保证质量的鞋厂和一个毫无知名度的品牌而已。

漫长的一周后，我们请约翰逊来比弗顿，准备开一场全员大会。

会上，我竭尽全力，精心解释了我们的长期运营计划，而且这一切已经开始。"这是属于我们自己的时刻，我们不再是别的品牌的经销商，也不再为别人打工。鬼冢公司总是延迟交货，订单也很混乱，拒绝听取和执行我们的设计概念。这一切都不会再发生了。将来不管是成功还是失败，我们都是依靠自己的力量、自己的概念和自己的品牌。去年我们公布的 200 万销售额更多的是我们勤恳工作的成果，而不是鬼冢公司的。这是我们的解放日，也是我们的独立日。"

似乎并不是每个人都觉得我们会如此幸运，但是他们都一致认为，无论如何这都是一次解放。我们把握住了机会，我们东山再起了。

最大的田径比赛在奥运会上，每 4 年举行一次，其次应该就是美国奥运田径选拔赛了。1972 年 6 月，奥运田径选拔赛首次在尤金举行。

我们在杰夫·霍利斯特负责的尤金零售店设立了一个小型运营点，给每个对运动鞋感兴趣的顶级运动员免费发放鞋子。在零售店后面，佩妮用一台丝网印刷机，把运动员的名字印到 T 恤上。

有人可能会打败我，但是他们必须付出心血和努力。

SOMEBODY MAY BEAT ME— BUT THEY'RE GOING TO HAVE TO BLEED TO DO IT.

我们发布了一双免费的鞋子，准备送给加利福尼亚大学伟大的跳远运动员杰西·威廉姆斯（Jesse Williams），一个小时之后，一个声称自己是杰西·威廉姆斯的人走了进来，要走了一双鞋子。接着，我们又给了第二个叫杰西的人一双免费的鞋子。至今，我都不知道哪一个是真正的杰西·威廉姆斯，但是我们当时没有去确认。

不过，我们的钉鞋还不够完美。决赛选手中，没有一个人穿我们的钉鞋，但是经常穿我们的训练鞋，25%的马拉松运动员都穿着耐克的两款平底运动鞋。虽然没有一个穿着耐克的运动员入选国家队，但获得第四、五、六、七名的运动员都穿着耐克。考虑到我们才运营了这么短时间，我们对这个成绩已经非常满意了。

但是我们一直在等待的是最后一场比赛，那是俄勒冈22岁的普雷方丹和参加过三届奥运会、34岁的乔治·扬（George Young）之间的5 000米比赛。与其说这是长跑竞赛，还不如说更像是斗牛。

随着开跑枪声的响起，普雷方丹跑在了第一位，扬紧接其后。跑到1 600米的时候，他们离观众席只有9米远，接下来的7圈，每次他们经过那里，海沃德田径场上的欢呼声就会更响。

终于到了最后一圈了，普雷方丹领先了1米、2米、3米，最后是10米。最后一圈时，场上的欢呼声震耳欲聋，两名运动员都打破了美国纪录。

当天我们离开运动场时,我们就下定决心要像普雷方丹一样:有韧性,有勇气。我们会像个战士一样进行战斗,他是我们的榜样,是我们的北极星。

1973 要么飞奔,要么死去

接下来,我们怀着激动的心情期待着慕尼黑奥运会,鲍尔曼是美国田径队的主教练。普雷方丹也像以往一样放出豪言,哪怕芬兰的拉瑟·维伦(Lasse Viren)是卫冕冠军,拥有压倒性的优势。普雷方丹声称在5 000米比赛中,他要在4分钟内跑完最后一英里。

然而,在比赛开始前,鲍尔曼就差点惹恼整个慕尼黑奥组委,因为他说所有事情都组织得不好,尤其是安检让人十分不满意。

似乎每天都会出现有争议的事情。比如,100米短跑比赛的预赛时间有变动,但这个变动通知被放在成叠的文件材料里。三分之二的美国短跑运动员都没有参加比赛。

世界撑竿跳纪录保持者鲍勃·西格伦(Bob Seagren)的撑杆被主办方断定为不符合规定,所以他只能用陌生的撑杆比赛,最终丢掉了金牌。

普雷方丹进入了决赛。他紧随维伦和穆罕默德·加穆迪(Mohammed Gammoudi)进入最后一圈,在直道上超过了他们,但最后在弯道上又被反超了。维伦和加穆迪在冲刺阶段发力,而普雷方丹又被英格兰的伊恩·斯图尔特（Ian Stewart）反超，从而失去了第三名的位置，也失去了获得铜牌的可能性。

普雷方丹很绝望。当有人告诉他，尤金想以他的名字命名一条街道时，他说："可以啊，但叫什么名字呢？第四名？"

但是，普雷方丹的赛场失利与另一个悲剧相比已经不算什么了。8个蒙面持枪歹徒潜入奥运村，绑架了11名以色列运动员。他们被挟持到慕尼黑机场，随后在停机坪上一个个被杀害了。

奥运会结束后，我开车去尤金探访鲍尔曼。我没见过他如此失落的样子。奥运会是所有田径人的巅峰时刻，但是这次奥运会对他来说简直是一场灾难。

一个月以后，鲍尔曼从俄勒冈大学的田径教练位置上退休了。

当然，我们的生意也发生了很多事情。我们让杰夫·约翰逊和鲍勃·伍德尔互换了工作地点。这听着很简单，但实际操作的时候就会出现很多问题，但是一切向好的方面发展的机会我们都会抓住。约翰逊从他挚爱的新英格兰搬到了比弗顿，在这里他可以更好地施展他的设计才华，而伍德尔也搬到了新罕布什尔州的埃克塞特，以便更好的施展他的管理才能，监管我们的销售和仓库运营。

鬼冢公司在日本起诉我们违约，这让我们手足无措，只能尽快在美国对它提起诉讼。但问题是：我怎么解决没有钱支付诉讼费的问题？答案是找豪泽表哥，请他在胜诉酬金的基础上接手这

个案子。他答应了,但是我们在支付差旅费甚至复印费方面总是有延迟,所以表哥的合伙人逐渐开始挑剔我们。所以豪泽表哥就把这个案子交给了律所最新的合伙律师,身高1米9、体重127公斤的罗布·斯特拉瑟(Rob Strasser),他全身心地投入这个案子当中,一周7天基本都在工作。

这场诉讼要求我们全情投入,因为这关系着我们的生死,但是我们同时需要继续运营我们的事业。

到年中的时候,我们必须和所有公司可转换债券持有人举行年度大会。他们一共15个人,都来到了俄勒冈的尤金。第一次,我们在转型期赔钱了,所以毫无疑问,他们全都对我们的业绩感到很失望,尤其是对我这个CEO感到很失望。对我来说,那是个极其煎熬的下午,在我开车回家的路上,我在想是不是应该要上市,但那意味着有数百个股东,如果真要那样,请杀了我吧。

1974 "恶棍"会议

4月,俄勒冈州波特兰市联邦地区法院开庭审理我们的案子时,我们感到很紧张。法官詹姆斯·伯恩斯(James Burns)进屋时,我们都站了起来。他看起来很可靠,但也有点可怕。他60岁的样子,表情很严肃,眉毛浓黑。他自称"公正的詹姆斯",他说在法庭没有随意的案件,所有的决议都经过审慎考量。

在这个案子中,我们坚称不会销售有竞争关系的鞋子;随着公司所有权的变化,鬼冢公司也说不会把产品卖给我们的竞争对手。我们认为我们的行为是合理的,我们有权获得鞋款和鞋子品牌的使用权。

我们在法庭的表现反映了我们的性格:沉闷、不善言辞,但很真诚。

鬼冢公司说,收购方案是由奈特先生自己提出来的。他们是认真的吗?他们还说,他们与我们的竞争对手沟通只是为了做市场调查而已。

经过两个紧张的星期,审判终于结束了。总的来说,我们感觉表现得还可以,但还是很担心。在我们看来,北见已经在法庭上撒了谎,但"公正的詹姆斯"似乎相信他的话。当北见走下证人席时,法官说:"先生,非常感谢您。"

这样的话他从未对我或我们的任何证人说过。

在这个审判过程中,我们的生意前线送来了一个好消息。华夫训练鞋是运用了鲍尔曼新型华夫底的一款鞋,它销量很好,直接使我们的年销售额从 480 万美元增加到 840 万美元,同时这也是耐克公司成立第一年的实际赢利数额。

但似乎每一个好消息都伴随着一个坏消息:尼克松总统改变了日元和美元之间的汇率。从此以后,这个汇率将开始浮动,而不是固定的 360 日元等于 1 美元。一年半的时间里,汇率一路下降到 180 比 1。换句话说,不算劳动力和原材料成本,我们鞋子的成本就已经翻了一番。

所以，这就好像以前那个受欢迎的有关好消息和坏消息的笑话：我们有一个很受欢迎的产品，但是我们无法生产。

就在那个时候，我们收到消息，"公正的詹姆斯"已经对我们的案子做出了判决。我们必须在两天内到法院听取判决。

当法官进入法庭时，我感到非常紧张。

他的判决很简单：他发现北见先生的证词是假的，我们有权给我们原创的鞋子冠以"耐克"的名字，同时他也会让一个特别主管核算鬼冢公司应该付给我们的赔偿金。

我们赢了，我们赢了这场官司！我们不仅不会因此倒下，而且还会得到一笔赔偿金。

我用力握住豪泽表哥的手，他在法庭上的表现太好了。然后我拥抱了斯特拉瑟，他行为光明磊落，工作又非常努力，有他为我们辩护，我们很幸运。

然后，我请杰夫·约翰逊回到新英格兰，看看我们能不能在美国生产运动鞋。

1975 银行把我们踢出来了

"先付钱给日商岩井！"这不仅是一句口号，而且是我们的生存之本。

日商岩井在我们偿付名单的第二位，在银行之后，所以如果有问题，银行会在日商岩井得到钱之前把所有的钱都拿回去。日商岩井已经承担了所有风险,所以每个月月底,我们会把剩下的钱都付给日商岩井。我们对现金的需求越来越大。随着华夫训练鞋销量的增加,我们又一次将销售额翻番,因此在成本上涨的情况下,我们的库存成本也在飞涨。

1974 年,杰夫·约翰逊在新罕布什尔州的埃克塞特找到一家小型鞋厂。当时在那里生产鞋子的话,成本会比在日本生产稍微高一点,但到第二年就会比在日本生产低了。

约翰逊当时问了一个令人不安的问题:"我们该从哪里找钱来运作这家工厂?"

我的回答是:"日商岩井会付钱的。"

"他们为什么要那样做?"

"我们不会告诉他们。"

"哦。"

所以,有时在月底,我们不得不依靠浮存(float)。我们会给日商岩井写一张支票,这会导致我们的账户暂时性的透支。我们的月销售额逐渐增加到 100 万美元以上,同时每个月会有一两天,我们的账户需要透支 25 000 美元。

4 月,我们的透支额扩大至 75 000 美元,涵盖了库房和全国各地零售店的账户。一家银行拒绝兑现我们的一张空头支票,然后其他家也都拒绝了。

海斯和我被召到加利福尼亚银行开会,这表明问题已经很严重了。会议持续的时间很短。我们被踢出了银行。我们被要求马

上偿还欠他们的100万美元。

天哪,谁来救救我们。

而且,我还有其他事情要做。我爬上了10楼,对日商岩井说,我本应该支付给他们的那100万美元,现在我们支付不起了,另外我还需要再借100万。

日商岩井的最终决定由金融经理伊藤忠行来做。

他和皇一起来到我们公司,把我们所有的账本都收集起来,说需要三天的时间进行审计。审计过程中,他们发现了我们的隐藏工厂,我花了整整一个小时来解释这件事。那是磕磕绊绊、乱七八糟的解释,说到底,这个工厂是我们在日本找不到任何货源的情况下的退路。在那个艰难的审计过程中,从来没有表现出任何情绪的伊藤态度非常严厉,最后他点了点头说:"继续下一项吧。"我发誓,他当时看着我,并且给了我一个小小的微笑。

后来,我们以为账本上可能会有三四百万的债务,然而事实上并没有。经过努力追查,结果发现,在无人了解的情况下,皇把发票藏在抽屉里,让我们的债务看起来没有那么多。

"你为什么要这样做?"伊藤问他的朋友和同事。

"因为,"皇说,"我每天都跟这些人一起工作。我曾经遇到过普雷方丹,我帮助他们一起搬家,有时候仓库临时需要紧急出货时,我也帮他们一起干过活。我想,终有一天,这家公司会变成大公司的。耐克是我在生意上的孩子。"

我傻傻地坐了回去。从情感上来说,这是可以理解的,但如果是在一家美国公司,他这样做很有可能就会被关进监狱。然而,伊藤只是瞪大了眼睛,然后露出了当我公开隐藏工厂时他展露的那个微笑。

第二天,伊藤、海斯和我与加利福尼亚银行的高管会面,其中包括那个想要把我们从银行踢出去的人。

那又是一个简短的会议,我说:"我们来这里是为了还清耐克的全部贷款。"

"对,全部。"伊藤说道。

伊藤交给银行一张支票。他们看着它思考了很长时间,然后说:"明天早上第一件事就是兑现这笔钱。"

伊藤态度很坚定:"现在就去。"

"你说得对,马上就去。"

"顺便说一下……我知道你们一直在旧金山进行谈判,想要成为日商岩井的合作银行之一。"

"是的。"他们热切地说。

"我想说的是,进一步的谈判都是在浪费时间。"

"你确定?"

"是的!"

我看向海斯,尽量忍住不要笑出声。然而我失败了,我还是忍不住笑出了声。

接下来就是一个难忘的周末，我不确定自己是否需要好好休息一下。尤金会有一场很棒的田径赛。普雷方丹安排了这场包含 6 个项目的比赛。芬兰的铁饼世界纪录保持者也会来尤金，与俄勒冈州的马克·威尔金斯（Mac Wilkins）进行比拼，威尔金斯也是一个世界级投手。但主要项目还是金牌得主拉瑟·维伦和普雷方丹之间的 5 000 米对决。

但在最后时刻，维伦放弃了这次比赛。但是，海沃德田径场的票都已经卖出去了，普雷方丹只能邀请奥运会马拉松金牌得主弗兰克·肖特（Frank Shorter）参赛，幸运的是，肖特同意了。

那是一场伟大的比赛。往常总是领跑的普雷方丹这次却无法领先。肖特一开始跑在他前面，直到最后 200 米开始冲刺时，普雷方丹拼命向前跑，终于领先了第二名 5 米的距离，赢得了整个体育场的喝彩。

佩妮和我开车回到波特兰，我们都很高兴在有生之年还可以看到普雷方丹这么精彩的比赛。

第二天早上 5 点，我的电话响了。这不是一个好迹象，埃克塞特当时应该是上午 8 点，所以我以为有可能是约翰逊那边出了一些生产问题。

但这不是约翰逊，而是杰夫·霍利斯特打来的电话。他在哭，我很费解。他解释说，赛后他们一起在霍利斯特家举行了一次聚会，结束后，普雷方丹开车送肖特回了酒店，放下肖特后往回开。在转弯时，为了避免和迎面驶来的车相撞，他撞上了路边的一块巨石。汽车翻了过来，这场车祸里，普雷方丹再也没有醒过来。

1976　斩杀巨人

这一年的好消息是，在鲍尔曼发明的华夫训练鞋的带动下，耐克的销售额持续上涨。但是在其他地方，我们也有些问题，其中大部分与日元的升值有关。

我们在埃克塞特的小型工厂可能会有点帮助，但是它始终不能满足我们的需求，经过多次调查，我们把重点放在了一个新的地区：中国台湾。中国台湾有数百家小工厂，我们可以找到一些比较好的工厂来生产我们的优质运动鞋。这个主意不错，但我们很难找到合适的合作伙伴。最后，我和吉姆·戈尔曼（Jim Gorman）在参观了很多鞋厂之后，偶然发现了位于台中市外的斗六小镇的一家小工厂。它的名字叫丰泰，制造过数十万双质量低下的运动鞋，但它的负责人王秋雄表示有信心改善鞋子的质量，而且也想与我们合作。他做人公开透明，向我们里里外外展示了他的工厂，除了一个房间。

"那里面有什么？"我怀疑地问。

最后，他才说："那是我和我妻子及两个孩子住的地方。"

戈尔曼自愿移居中国台湾，监督鞋子的生产质量。我们开始了在中国台湾的大冒险。与丰泰的合作进行得很顺利，这是我们亚洲生产的基石，王秋雄后来在亚洲有多家工厂，他的公司也在

中国台湾的证券交易所上市了。

有了中国台湾和埃克塞特的工厂,我们形成了一个战略,以确保可以减少美元对日元汇率持续上涨带来的损失。

1976年又是一个奥运年。那时,我们已经用了4年来证明我们的新品牌,虽然它还很年轻,但是我们已经拥有一个完整的产品组合,包括钉鞋和平底跑鞋。

奥运选拔赛又一次在我们的后院——俄勒冈州的尤金举行。1972年,美国奥运代表队里没有一个人穿耐克鞋。1976年的第一场比赛中,由弗兰克·肖特领衔的前三名入选运动员都穿着耐克鞋。接下来的比赛中,耐克鞋在长距离比赛中完全处于统治地位,所以我们对在加拿大蒙特利尔举行的奥运会感到非常期待。

当时,运动员为产品代言在奥运规则里已经合法化了,我们几乎把所有的预算都押在了肖特身上。他喜欢这双鞋,他喜欢霍利斯特,因为他是奥运会马拉松赛卫冕冠军,所以我们都认为他是普雷方丹的继任者。

我们兴奋地期待着马拉松比赛的开始。在其他比赛中,没有穿着耐克鞋的运动员赢得奖牌,但肖特在马拉松比赛中很受欢迎。

但是,当他在起跑线上排队时,他没有穿我们的鞋子。他穿着旧鞋——鬼冢虎,就是我们曾在法庭上与之作战的那个品牌。

霍利斯特震惊了,我也是。

然后，肖特被东德一个穿阿迪达斯鞋子的运动员击败。这没有让情况变得更好，相反，它使情况变得更糟。

这是一个双重失败。我们把大部分的预算都投在了肖特身上，但这同时也是一种情感投资。我们喜欢他，我们曾希望他会成为第二个普雷方丹。

我无法完全理解肖特在最后一刻的转变。他说，鞋底附近有一个裂口，他觉得不对劲。我不知道具体是什么状况，但我觉得，他之前穿着那双旧鞋赢得了奥运会金牌，可能对于穿新鞋会感到紧张。

在各种问题亟待解决的情况下，我们计划在俄勒冈的太阳河度假村举行展望第二年的管理会议。

会议期间，杰夫·约翰逊环顾整个房间后说："这真是世界上独一无二的管理层，我们可以看着房间里的人，然后大喊'嘿，恶棍'，每个人都会以为是在喊他。"

这个名字引起了大家的注意，高管们在接下来的七八年中都以这个名字自称。这确实也让我们认识到，我们是一群有着不同性格的人，而且都是在某一件事情上的天生失败者。

1977　永无止境

我们的业务不断给我们带来惊喜。1977 年春，我接到一个自称是前罗克韦尔国际公司航天工程师的人的电话。他说他想给我看一个运动鞋设计。

"来吧。"我回答。他叫弗兰克·鲁迪(Frank Rudy),看上去是一个非常严肃认真的人。

他的发明就是一种为跑鞋设计的气垫中底。之前这个做法就已经被尝试过,但以前的设计问题是空气总是会漏出来,所以在长时间跑步后,中底会变平。弗兰克·鲁迪坚持说,他已经想到了解决这个问题的办法。

房间里还有斯特拉瑟和海斯,我说:"晚餐前,我还有时间穿着它跑10公里。"

"没有调节器。"鲁迪回答说。这意味着没有任何东西可以稳定住中底,如果我要用它来跑步,就必须直接踩在上面跑。

"没关系,"我说,"我知道我在做什么。"

我穿着这双鞋跑步时觉得有些摇摆不定,但是它穿起来很舒服,也很合脚。当天晚上,我们便达成了协议,40年过去了,我们已经卖出了4亿双气垫鞋。有时候,拿起电话是值得一试的事情。

不久之后,我们接到了另一位鞋子发明人的电话。他的名字叫桑尼·瓦卡罗(Sonny Vaccaro)。见过弗兰克·鲁迪之后,我很想看看他可以给我们带来什么。

桑尼·瓦卡罗的发明是类似某种液压建筑的野兽,当他展示给大家看的时候,整个房间充满了笑声。但是桑尼接下来说,他通过他的"全明星篮球精英赛"(Dapper Dan All-Star Basketball

Classic）可以接触到全国各地的大学篮球教练。这个比赛每年都会评出全国最好的 30 名篮球运动员。

"你真的有机会接触到所有的教练吗？"我问道。

之后，我们聘请他作为我们组建第一个教练俱乐部的顾问，我们打算在这个俱乐部里面召集最好的教练。他们中大部分人都已经签了阿迪达斯或匡威，所以我们只能去寻找其他还没有签约的。

结果还不错。我们签了名人堂的约翰·汤普森（John Thompson）、埃迪·萨顿（Eddie Sutton）、杰里·塔卡尼恩（Jerry Tarkanian）、鲁特·奥尔森（Lute Olson）、吉姆·瓦尔瓦纳（Jim Valvano）、乔治·拉韦林（George Raveling）、卢·卡尼斯卡（Lou Carnesecca）。他们成了我们大学篮球项目的基础。

我们不是唯一因为日元汇率动荡而受到伤害的公司。我们需要为原来在日本制造的低成本运动鞋找一个新家，我们选择了韩国。一夜之间，韩国冒出了很多大工厂，它们满足了日本工厂成本提高后出现的新需求。这些工厂更像小城市，釜山五大工厂中的每一家工厂里都有 12 000 名员工。

但是，那些低成本的鞋子必须要升级才能成为我们想要的完美产品，而且这样大小的鞋子也不太适合一部分老辈人。那时，我们每年需要生产 100 多万双鞋子。所以，我们在韩国启动了一个项目，找到了五大工厂并与之合作。三年后，他们就成了我们最大的供应商。

一切都很顺利。一天早上，我坐在书桌前，胖乎乎的身子有点笨拙，但心里却很开心。然后，那封信就来了。那是一封不怎么起眼的信，普通的白色信封上面印着回寄的地址：美国海关。

信封里面是一张账单：2 500 万美元关税的账单。我们当年的销售额不算成本和所有费用，加起来才只有 2 400 万美元。

我立刻打电话给已经加入我们公司的斯特拉瑟，让他来我的办公室。我说："这肯定是一个恶作剧。"

"我会查清楚的。"他说。

一天后，他带着坏消息回来了。"这不是玩笑。似乎有一个 1932 年颁布的法规，适用于苯丙胺类化学品、樱桃石蛤和运动鞋。根据这条法规，正如美国海关告知我们的那样，我们需要上缴的关税不是根据成本而定，而是基于在美国生产的类似运动鞋的售价。似乎有些美国工厂曾经对海关进行游说，并且说服海关他们生产的鞋子与我们的是相似的，所以我们需要上缴的关税就应该翻倍，而且对以前进口的鞋子也有追溯效力。"

"鞋子已经卖出去了，税款也已经付过了。而且，我们无力支付这个费用。"

"看来我们只能反击，希望会有好结果。"

1977 年还发生了一件私事，它可能永远不会成为公司历史上的一页，但对我来说却很重要。

在一个晚上我们打电话时，父亲先是问了我的工作和我的两个孩子。然后他问道:"你有没有及时回家看洛杉矶湖人队对休斯敦火箭队的比赛?"

"没有啊,我没有时间。"

"有件事情很吓人。科米特·华盛顿(Kermit Washington)狠狠地击打了鲁迪·汤姆贾诺维奇(Rudy Tomjanovich),好狠啊,感觉像是要杀了他。真可怕……"他停了一会儿说道,"但你应该看看对鞋子的特写。"

事情就是这样。从一个如此低调又不怎么夸人的父亲那里传出这样的赞美和恭维,真的让我很开心,或许我可以换句话来理解:从注册会计师转行做运动鞋推销员,好吧,儿子,你做得真不错。

1978 美国市价

我们需要尽一切力量来对抗海关对"美国市价"(ASP)的规定。

首先,这将是一场拉锯战。斯特拉瑟建议我们聘请豪泽表哥律师事务所的理查德·维奇库尔(Rich Werschkul)。维奇库尔对保险法已经有点厌倦了,所以对于这个提议他欣然接受,但是豪泽表哥需要我对他承诺:我不能再雇用他律所的员工了。

这对维奇库尔来说是个很好的选择。他有斯坦福大学的学士学位,之后又去了俄勒冈大学的法学院,他戴着黑色框镜,每隔

30秒就要调整一次，他穿得像一个新英格兰的预科学生，最重要的是他全身心投入我们的事业中。

我们的主战场在华盛顿特区，于是他就搬到了那里。他与政治家交朋友，向他们请愿，对其游说。他日复一日地在国会大厅里跑来跑去，分发一双双免费的耐克鞋。但是政治家们统一的答复是："孩子，给我一些书面的可以阅读的东西，我可以研究一下。"

他也的确这样去做了。维奇库尔整理了关于美国市价第一卷的内容，整整有几百页，但真正让人觉得惊悚的是"第一卷"。

偶尔他也会找到一个对这个不感兴趣的人，那时，维奇库尔就会直接失控。"你们不知道，"他喊道，"自由正在这里受审啊？自由！你不知道希特勒的父亲就是海关检查员吗？"

我们的战斗持续着，似乎是一场要打满全局的比赛。它可能会让我们花上数年时间。

"美国市价"主宰了一切。我们再次认识到：如果我们在这一点上失败了，我们的公司也将不复存在。

但总会有些好消息。我们的销售量在上涨，而且鲁迪的第一款气垫鞋进入市场了。这款鞋的鞋面材料的质量存在一些问题，但跑圈内大家对它的共识是"穿着它跑步感觉太棒了"。

1979 走出阴影

如果说"美国市价"统治了我们的 1978 年,那么它也将是 1979 年的主宰。维奇库尔已经有了一些门路,但是要想成功,耐克的首席执行官必须要为案件辩护。于是,我开始频繁往返于华盛顿。

首先,我从美国海关的财政部助理那里开始了我的工作。

我递给他一份文件。"您看一下这个,"我说,"有个来自美国财政部的文件指出美国市价不适用于耐克鞋。"

"嗯,"他看了看,又把它推回给我,"这对海关没有约束力。"

换句话说,我的政府骗了我。就像电影《动物屋》(*Animal House*)里的台词一样:"你搞砸了,因为你信任我们。"

我真的很生气:"这整件事情不过是我们竞争对手施展肮脏伎俩的结果,我们却要因为成功而受到惩罚!"

"我们可不这么认为。"

"我们……指的是谁?"

"美国政府。"

即使是这样,我也不会放弃抗争,但我们有一个强大的对手。

我们从俄勒冈的政治家入手,很幸运的是,众议员阿尔·厄尔曼(Al Ullman)是众议院筹款委员会主席,参议员马克·哈特菲尔德(Mark Hatfield)是拨款委员会主席,而参议员鲍勃·帕克伍德(Bob Packwood)是财务委员会主席。

我们竭尽一切游说他们，最后他们也表示愿意帮助我们。

我们也得到了很多其他人的帮助，比如：来自华盛顿州的白宫发言人汤姆·福利（Tom Foley），他与西北部同胞的关系很亲近，可以为我们谋得一些支持；来自田纳西州的参议员阿尔·戈尔（Al Gore）和吉姆·萨瑟（Jim Sasser），我们在田纳西州有一个大型仓库；以及来自缅因州的比尔·科恩（Bill Cohen）和乔治·米切尔（George Mitchell），在埃克塞特的规模扩大后，我们又在缅因州扩建了工厂。

1979年秋天，我和海关官员进行了第二次会面。
他说："经常听到你那些朋友的游说，我感到有些厌烦。"

"好吧，"我说，"估计这件事情不解决，你就会一直见到我的那帮朋友，接受他们的游说活动。"

中国台湾和韩国现在都走上了正轨，这是件好事，因为日本现在的生产成本已经完全无法接受。日本没有因此遭遇经济危机，它的汽车和电子产品已经弥补了鞋类出口的损失。

但中国台湾和韩国的成本也在迅速上涨，如果它们像日本那样，在那里生产鞋子不再划算，会怎么样呢？对于这个问题我们并没有后备计划。

所以，我决定在我今年巡视亚洲工厂的时候，去中国大陆进行第一次的考察，看看在中国大陆有没有机会。尼克松已经解冻了两国关系，而吉米·卡特也已经认识到了这一点。

我在香港的一家旅馆等我的签证等了三天，但是最终也没有拿到签证。

在我们的董事会上，我解释这个问题时，最近加入我们的查克·鲁宾逊（Chuck Robinson）正好也参加了会议。曾试图在中国大陆开展业务的亨利·基辛格的兄弟沃尔特（Walter Kissinger）领导的艾伦集团（Allen Group）也参会了。当沃尔特想把艾伦集团引入中国大陆的时候，他并没有打电话给他的兄弟，而是打给了他普林斯顿的同学张大卫（David Chang）。

于是，我也给张打了电话。

1980　上市

在1980年的第一次"恶棍"会议上，我问："有一件事我已经想了很久，我们在美国有一家鞋厂，而我们要做的就是自创一个美国市价。大家觉得怎么样？"

大家都笑了。这很正常，因为这是一个荒谬的建议。

然后，大家停下来看着对方。也许用荒谬的方式来回应这样一个荒谬的法规才合适。

我们开始生产限量版耐克仿制鞋，起名为"One Line"，这款鞋收取最微薄的利润，没有比这与耐克更"相似"的鞋子了。

美国海关对此无可争辩。这款鞋的出现立即降低了我们的应缴关税，当然不能跟亚洲工厂所需成本相比，但绝对低于其他美

国制造的运动鞋所需的成本。

然后，我们制作了一个电视广告，讲述了俄勒冈州的一家小公司与强大政府的斗争故事。一个跑者独自在路上跑步，一个深沉的声音颂扬着爱国主义、自由、美式处事方法和反抗暴政的理想。这个广告引起了人们的广泛讨论。

接着，我们使出了最后一招。1980年2月29日，我们向美国纽约南区的地区法院提出了2 500万美元的反垄断诉讼，指控我们的竞争对手和各种橡胶公司企图通过阴谋诡计破坏商业规则，共谋将我们踢出市场。

这个诉讼没有持续很久，那个海关官员的上司就提出进行和解。

他们将2 500万美元降到900万美元。现在，我们的年销售额超过了2亿美元，可以支付这笔钱，但我们不应该这样做。如果我们以后要进口鞋子，就需要遵守政府的这套规则。但查克·鲁宾逊指出，这是一场与政府的谈判，他们不会以0美元的价格来结束这场谈判。

我接受了900万美元的报价。
到此，"美国市价"的战斗结束了。

查克·鲁宾逊还指出，除了"美国市价"，没有什么能够阻止我们上市。"而且，"他说，"为了保持你的控制权，我认为我们可以发行两类股票，这样可以让现有的核心管理层保有对公司的控制权。"

"如果能做到这一点,那么这将改变很多事情。"

我们没有短暂休整的时间。1979年年末,张大卫写了一封长达50页的信,要求到中国大陆的工厂参观。5个月后,我们收到了答复。7月,我们可以有6个人被邀请到中国大陆访问。7月是一年中最热的一个月。

被选中的去中国大陆参观访问的6个人是:张大卫、海斯、斯特拉瑟、中国台湾工厂负责人尼尔·劳里德森(Neil Lauridsen)、缅因州工厂负责人哈利·卡什(Harry Carsh)以及我自己。

我们的接待人员在北京的机场迎接我们。他们带我们坐火车到离北京很远的一个偏僻城镇,在那里我们看到了众多惊人的工业企业和小工厂,它们一个比一个更老旧。这些工厂看起来年代久远、锈迹斑斑。

最重要的是,工厂里面很脏。鞋子会从生产流水线上滚下来,沾上污渍,而且是大片的污渍,没有任何预防措施。工厂没有整洁的总体感觉,也没有真正的质量监控。当我们指出有瑕疵的鞋子时,负责人会耸耸肩说:"虽然看起来有瑕疵,但照样能穿。"

中国人不明白为什么尼龙或帆布在一双鞋中非得左右脚完全相同。在这里,左脚浅蓝、右脚深蓝是很常见的。

这是我们必须要面对的问题。在我看来,无论如何我们都应该试一试。

最后的谈判将在上海进行。在那里，我们有第二个目标：我们会和体育管理部门会面，跟他们谈与中国田径队的合作。

西方国家的每个运动员都自己签合同，而中国的体育管理部门会为所有运动员代理合作。于是，在上海的一个老校舍里，在一个有毛主席巨幅肖像的教室里，那里的家具估计该有75年的历史了，我和斯特拉瑟会见了这个体育部门的代表。

那位代表花了几分钟给我们介绍社会主义的优越性，并一直说他们喜欢和志趣相投的人做生意。斯特拉瑟和我看着对方。然后这位代表停止了讲话，向前倾斜，低声问道："你愿意付多少钱？"

不到两个小时，我们达成了协议。4年后的洛杉矶，中国田径队25年来再次进入奥运会会场时，他们穿着耐克跑鞋和热身鞋。

最后是与中国对外贸易部的会议。和前几次会议一样，开始时主要由代表进行了几轮长时间的演讲。海斯在第一轮演讲的时候就感到无聊了。到了第三轮演讲的时候，他无聊到想自杀了。他开始玩他的涤纶衬衫前面的线头，突然，他对那些线开始感到恼火。他拿出打火机。外贸部副部长把我们称为值得合作的伙伴，他停了下来，抬头看到海斯拿出打火机点火。海斯用双手扑灭了火焰，但这也破坏了演讲的当下时刻和演讲者的魔咒。

这些都不重要。在回家之前，我们与两家中国大陆的工厂签订了协议，并正式成为25年来首家获准在中国开展业务的美国鞋商。

回到美国后,我们几乎没有时间去处理我们的行李,因为公开发售股票即将成为现实。我们考查了不同的投资银行,它们都能发行两类股票,这样能让目前的核心管理层保有对公司的控制权。最后,我们选择了库恩·勒布集团(Kuhn Loeb),查克·鲁宾逊曾经担任过他们的副总裁,他将负责这次的上市。

我们的上市申请必须得到美国证券交易委员会的批准。招股说明书的草稿整整改了 50 次后,它的形式和内容才符合我们的要求。

接下来是路演。第一站,纽约曼哈顿。我们与一屋子挑剔的投资银行家举行早餐会议。

我们的展示没有经过润色,但是我们很热情、很真诚,而且我们的财务报表很优秀。

我们在 5 天内去了 8 个城市,参加了 10 个会议。海斯、约翰逊和我向投资银行家演示耐克的价值。整个过程很紧张,也让我们精疲力竭,更不要说我们是从中国回来之后马上就开始了路演。

在完成所有工作之后,我们还需要确定股票发行价格。我们把发行日期定为 1980 年 12 月 2 日。

那天,海斯、我以及库恩·勒布集团的鲍勃·梅西(Bob Macy)进行了电话交谈,他宣布:"我们以为股价不能超过 21 美元。"

在路演期间,我们的股价预估范围是 18 ~ 22 美元。我认为,路演和我们原本的期待股价都已经是过去时了。21 美元和 22 美元之间的差距对于一家公司来说就是相差 100 万美元。

"我们的数字是 22。"我说。

电话那头,有人在窃窃私语。然后他们说:"我们可以定 21.50 美元。这是我们的最终报价。"

"我们的数字是 22。如果你们达不到这个报价,那我们只能找别家了。"

一阵沉默,然后是咳嗽声和纸张翻动的声音。仿佛过了一个世纪,那边传来声音:"我很抱歉,我们一会儿再给你回电话吧。"

等待。

5 分钟。

15 分钟。

电话响了。我们按下了免提键。鲍勃·梅西说:"先生们,我们接受这个交易。贵公司的股票本周五将会投向市场。"

我开车回到家。孩子们在外面玩耍,佩妮在厨房里。"你今天过得怎么样?"她问。

"还好吧。"我说。

"真棒。"

"我们得到了我们想要的价格。"

她笑了:"我就知道你会做到的。"

第二天早上醒来,天气寒冷,还飘着雨。我走到窗前,树叶正在滴水。这个世界和前一天一样,但现在我很富有。

我吃完早饭,开车上班,比其他人都要更早到达公司。

后记

给年轻读者的一封信

耐克现在已经长成一个成年人了。我们有很多值得骄傲的事情,也有许多令人难过的时光,1980年上市后发生了很多事情。

傍晚时分,有时我会坐在办公室里,看着树林里亮灯的跑道,回顾耐克的创业之旅。

我最喜欢的回忆之一是这样的:

1976年,鲍勃·伍德尔的母亲跟我说:"我知道你一直在找钱,我只是想让你知道,我们家存了7 000美元,如果你需要,我们可以把它借给你。"

我惊呆了。最后我问:"为什么?"

"因为,"她说,"如果你对自己儿子为之奋斗的公司都无法信任,你还能信任谁呢?"

但是,我真的不想用这笔钱,可惜一年后,我们很绝望,我告诉伍德尔,如果提议还生效的话,公司很需要这笔钱。第二天,这笔款就到账了。

5年后,我们上市的时候,这笔费用还未偿付,公司便让他们把这笔钱转换成了普通股。

这笔钱转换成了价值180万美元的股票。默尔·伍德尔(Merle Woodell)向她女儿宣布:"我们是百万富翁了,至少我儿子鲍勃是这样告诉我的。"

上市也给了我们另一个机会。当初,我们付了卡罗琳·戴维森35美元,请她设计耐克的Swoosh标志。上市后,我们邀请她到办公室,给了她500股股票,她到现在也没有将股票卖出去,所以现在股票价值100万美元。

中国之旅

1980年的中国之旅带给我们很大的红利。中国大陆在未来几年成为我们最大的运动鞋产地,占我们全球产量的40%左右。更重要的是,它成为我们成长最快、仅次于美国的第二大市场。

这绝不只是生意

我需要处理的人际关系有很多,比如与同事、员工、客户、运动员以及工厂的关系。勒布朗曾送给我一块1972年耐克成立时的劳力士手表。艾伯托·萨拉查心脏病发作,嘱托我一旦他有什么不测,帮他照顾盖伦(Galen Rupp)。在乔丹父亲的葬礼上,我与他们一家待在一起。

我想到一句话:"这只是一场生意。"这绝不只是生意,永远不会是。如果它确实变成了只是生意,那就意味着你的生意肯定非常糟糕。

马修、鲍尔曼和斯特拉瑟的死亡

多年过去了,时间永无止境,人却终有一死。

对我来说,最痛苦的莫过于我儿子马修2004年在萨尔瓦多(El Salvador)的潜水意外中溺水身亡。

几乎没有什么比失去一个孩子更让人伤心的了,它留下的是无尽的空虚。当写这篇文章时,想到我那去世的儿子,我不由自主地蜷缩了起来。

他去世10多年后,我妻子还是整晚都不会关电视机。它闪烁的光芒打破了黑暗,房间角落里的光芒对她来说是一种安慰。

找出你对某人态度的
最简单的方式
就是
想象跟他
告别。

THE SINGLE EASIEST WAY TO FIND OUT HOW YOU FEEL ABOUT SOMEONE. SAY GOOD-BYE.

EPILOGUE 后记 给年轻读者的一封信

然而，除了伤痛，失去也带来了一个好处：死亡会让我意识到孩子的生命是多么宝贵。对我来说，这意味着我会好好疼爱我的那些孙辈。

1999年于圣诞节前夕，我的老教练比尔·鲍尔曼在他长大的俄勒冈州化石镇去世。

他多年的朋友和邻居约翰·贾卡打电话通知了我这个消息，花了一个小时，我才从书房里走出来。我没有用面巾纸，而是把一条毛巾挂在肩上，这是我从另一位心爱的教练约翰·汤姆逊（John Thompson）那里学到的一招。

斯特拉瑟也突然传消息过来。1993年，他心脏病发作，享年46岁。他还那么年轻，这真是一场悲剧，尤其在我们一起经历了这么多事情以后，我承受不了他去世的这个事实。我们吵了太多次，他退出了公司。

如果他只是辞职还好，但他去了阿迪达斯工作。我觉得这是一种背叛。我花了10多年才原谅他。兜兜转转，最近，耐克雇用了他的女儿艾弗里，她22岁，从事一些特殊活动，而且现在正是事业上升期。在公司名录中看到她的名字让我感到很幸运，也很快乐。

海外工厂

当耐克的海外工厂（即所谓的"血汗工厂"）出现各种状况时，我感觉到了相同的背叛感。记者只说工厂工人不满意，不说工厂的现状要比刚和我们合作时好许多。他们不说我们与工厂一起努力改善工作环境，让工厂更安全、更清洁。他们也不说这些工厂不是我们的，我们只是委托它们生产，是很多委托人中的一个。他们只是简单调查一下，找到一个抱怨条件差的工人，然后用这个工人来诋毁我们，而且只有我们，因为他们知道这样做可以产生最大的传播效果。

但最后我们知道我们可以做得更好，我们一定会的。我们要告诉全世界：看，我们会让我们的工厂成为最闪亮的例子。

我们做到了。在虚假新闻爆出10年之后，我们利用危机重塑了整个公司。

例如：鞋厂最糟糕的部分之一就是橡胶房，因为鞋面和鞋底是在那里黏合在一起的，那里的烟雾呛人、有毒、致癌。所以我们发明了一种不会产生废气的水性黏合剂，从而消除了空气中70%的致癌物。然后我们把这个发明分享给了我们的竞争对手，分享给了所有想要的人。

他们都用了这项技术，现在几乎所有人都在使用它。

除了"血汗工厂"的危机，还有"女孩效应"（Girl Effect），这是耐克公司为打破世界最黑暗角落的世代循环而做出的巨大努力。我们与联合国、其他企业和政府合作，花费数千万美元进行了一场明智又艰巨的全球运动，让年轻女孩能够接受教育、改善生活。通过经济学家、社会学家以及我们的内心，我们可以知道，在很多国家，年轻女孩是经济上最弱势的人，这是经过人口统计

学仔细研究而得出的结论,所以我们应该尽可能地帮助她们。无论是努力结束埃塞俄比亚的童婚、为尼日利亚为少女建立更安全的空间,还是通过开办杂志和电台节目向年轻的卢旺达人强有力地传递鼓舞人心的信息,"女孩效应"正在改变着数百万人的生活。当我收到一线送来的消息的时候,那是我人生中最开心的时刻。

我接下来的建议可能会对本书的年轻读者有所帮助。在某种程度上来说,你们都是我的孙辈。

怎样为你面前的战斗做准备呢?

A. 生活中没有一条清晰的道路。

这让我们的生命更加有趣。

利用一切你所拥有的资源,你不一定非要等到 24 岁失业的时候才行动。你可以告诉全世界,你是蓝带体育公司的首席执行官。

B. 做你了解并热爱的事情(比如跑步)。

即使这样做,你也会面临一些黑暗的日子。但如果你不去做你热爱的事情,黑暗的日子将变得更加无法忍受。

C. 努力工作。

运气的确会起很大的作用。有些人可能不会把它叫作运气,他们称之为"道"、"圣灵"或者"上帝"。

换句话说就是,你工作越努力,就越接近"道"。因为没有人曾经清楚定义过何为"道",所以现在我会告诉你们:

相信自己，也要相信命运。不是别人的命运，不是你自己定义的命运，而是在你内心，对命运的自我定义。

D. 不要羞于寻求建议。

在我的旅程中，偶尔遇到过一些有志青年，他们坚决不寻求帮助。他们想自己做一切事情。

我的做法恰恰相反。这很难做到，那就是：寻求一切你可以得到的帮助。获得帮助只是一生寻求智慧的一部分。

E. 做对你来说有意义的工作。

你的目标不应该是寻找工作或职业，而是寻求一种使命。

F. 意识到团队合作至关重要。

两个有天分的人一起工作，永远胜过两个各自工作的天才。

G. 当你的梦想遭遇挫折时，把目光投向外面的世界。

如果你不能在这个国家获得支持，不要害怕，你可以去离家万里之遥的地方找资源。

H. 管理创造力。

有创造力的人往往会变得不可预测，甚至有点怪异。有些人摊摊手说："那个人是无法管理的。"但我们要做的就是寻找非传统的方式去与这个人相处。

I. 最重要的是：敢于冒险，别让你的才能掩埋在这片平庸的土地上。

没有挣扎就没有艺术。

60年前,我尊崇的斯坦福大学创业学教授弗兰克·沙伦伯格(Frank Shallenberger)说了一句话,这句话对我来说意义重大,是他课上的口号,现在也是我的座右铭:"唯一一次你一定不会失败的就是你最后一次尝试的时候。"

我真诚地希望你们会有一次别样欢乐的旅程。

菲尔·奈特

致谢

我一生中很长一段时间都是在负债中度过的。年轻创业的时候,我十分熟悉那种感觉:每晚睡觉后,每天醒来后,都会欠别人更多的钱,根本无力偿还。

但是,创作这本书却让我感受到了前所未有的感激之情。

虽然我很感激,但是却找不到适当的方法来表达。因此,在耐克公司,我想要感谢我的助手丽莎·麦基利普斯(Lisa Mckillips),感激她为我做的一切,她完美地完成了一切任务,开朗活泼,脸上总挂着迷人微笑。我的老朋友杰夫·约翰逊和鲍勃·伍德尔帮我回忆;如果我们的回忆有出入的话,他们会耐心地帮助我。历史学家斯科特·瑞莫斯(Scott Reames)迅速从传言中筛选出事实。玛利亚·埃特尔(Maria Eitel)利用经验对众多材料进行处理。

毫无疑问,我最感激的还是全世界68 000名每天在努力工作和奉献的耐克员工。没有他们,就没有这本书、没有作者,什么都不会有。

在斯坦福大学，我很感谢一位疯狂的天才老师亚当·约翰逊（Adam Johnson），他是我的朋友，也为我的写作提供了很好的榜样；亚伯拉罕·韦尔盖塞（Abraham Verghe）在我写作的时候默默给予我无私的指导；以及我坐在后排旁听的写作课上的本科学生们，他们每个人对语言和写作技巧的热情大大鼓舞了我。

在斯克里布纳出版社（Scribner），我很感激传奇人物、总编辑南恩·格雷厄姆（Nan Graham）坚定的支持，罗兹·立波（Roz Lippel）、苏珊·摩尔多（Susan Moldow）和卡洛琳·李迪（Carolyn Reidy）令人振奋的活力和热情，凯瑟琳·里索（Kathleen Rizzo）在保持极端冷静的同时也确保了出版的顺利进行。最后，要感谢我极具天赋的犀利编辑香农·韦尔奇（Shannon Welch），是她在我需要的时候给了我肯定，没有人知道我是多么需要被人肯定。她刚开始的赞美、分析和充满老道智慧的注释对我来说十分重要。

接下来的感谢是随机的，不分先后。感谢那些慷慨献出时间、天赋和建议的所有伙伴和同事，包括超级代理鲍伯·巴尼特（Bob Barnett）、特别的诗人管理者埃文·博兰（Eavan Boland）、大满贯传记作者格兰德·斯莱姆（Grand Slam）和数字艺术家海斯。特别感谢传记作家、小说家、记者和运动作家莫里尼尔（J. R. Moehringer），他的慷慨大方、幽默风趣和令人称羡的故事讲述天赋，是我对本书多次起稿时的依靠。

最后，我想要感谢我的所有家人，特别是我的儿子特拉维斯，他的支持和友谊对我来说就是整个世界。当然，还衷心地大声感谢我的佩内洛普，她一直在等待着。我出门旅行的时候，她在等待着；我迷路的时候，她在等待着；我很晚才赶回家的那些夜晚，她在等待着，饭菜都凉了；在我开始创作的前几年，她还在等我，非常大声地存在于我的脑海中、书页中，甚至在没有她出现的地方。从开始算起，佩妮已经等了我半个世纪，现在我可以把这本呕心沥血写成的书交到她手上，告诉她，这就是耐克，这就是所有的故事："佩妮，没有你，我根本无法完成这一切。"

湛庐CHEERS

未来，属于终身学习者

我这辈子遇到的聪明人（来自各行各业的聪明人）没有不每天阅读的——没有，一个都没有。巴菲特读书之多，我读书之多，可能会让你感到吃惊。孩子们都笑话我。他们觉得我是一本长了两条腿的书。

——查理·芒格

互联网改变了信息连接的方式；指数型技术在迅速颠覆着现有的商业世界；人工智能已经开始抢占人类的工作岗位……

未来，到底需要什么样的人才？

改变命运唯一的策略是你要变成终身学习者。未来世界将不再需要单一的技能型人才，而是需要具备完善的知识结构、极强逻辑思考力和高感知力的复合型人才。优秀的人往往通过阅读建立足够强大的抽象思维能力，获得异于众人的思考和整合能力。未来，将属于终身学习者！而阅读必定和终身学习形影不离。

很多人读书，追求的是干货，寻求的是立刻行之有效的解决方案。其实这是一种留在舒适区的阅读方法。在这个充满不确定性的年代，答案不会简单地出现在书里，因为生活根本就没有标准确切的答案，你也不能期望过去的经验能解决未来的问题。

湛庐阅读APP：与最聪明的人共同进化

有人常常把成本支出的焦点放在书价上，把读完一本书当作阅读的终结。其实不然。

> 时间是读者付出的最大阅读成本
> 怎么读是读者面临的最大阅读障碍
> "读书破万卷"不仅仅在"万"，更重要的是在"破"！

现在，我们构建了全新的"湛庐阅读"APP。它将成为你"破万卷"的新居所。在这里：

- 不用考虑读什么，你可以便捷找到纸书、有声书和各种声音产品；
- 你可以学会怎么读，你将发现集泛读、通读、精读于一体的阅读解决方案；
- 你会与作者、译者、专家、推荐人和阅读教练相遇，他们是优质思想的发源地；
- 你会与优秀的读者和终身学习者为伍，他们对阅读和学习有着持久的热情和源源不绝的内驱力。

从单一到复合，从知道到精通，从理解到创造，湛庐希望建立一个"与最聪明的人共同进化"的社区，成为人类先进思想交汇的聚集地，与你共同迎接未来。

与此同时，我们希望能够重新定义你的学习场景，让你随时随地收获有内容、有价值的思想，通过阅读实现终身学习。这是我们的使命和价值。

湛庐CHEERS

湛庐阅读APP玩转指南

湛庐阅读APP结构图：

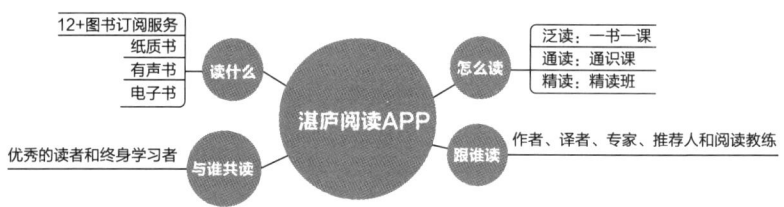

三步玩转湛庐阅读APP：

湛庐CHEERS

使用APP扫一扫功能，
遇见书里书外更大的世界！

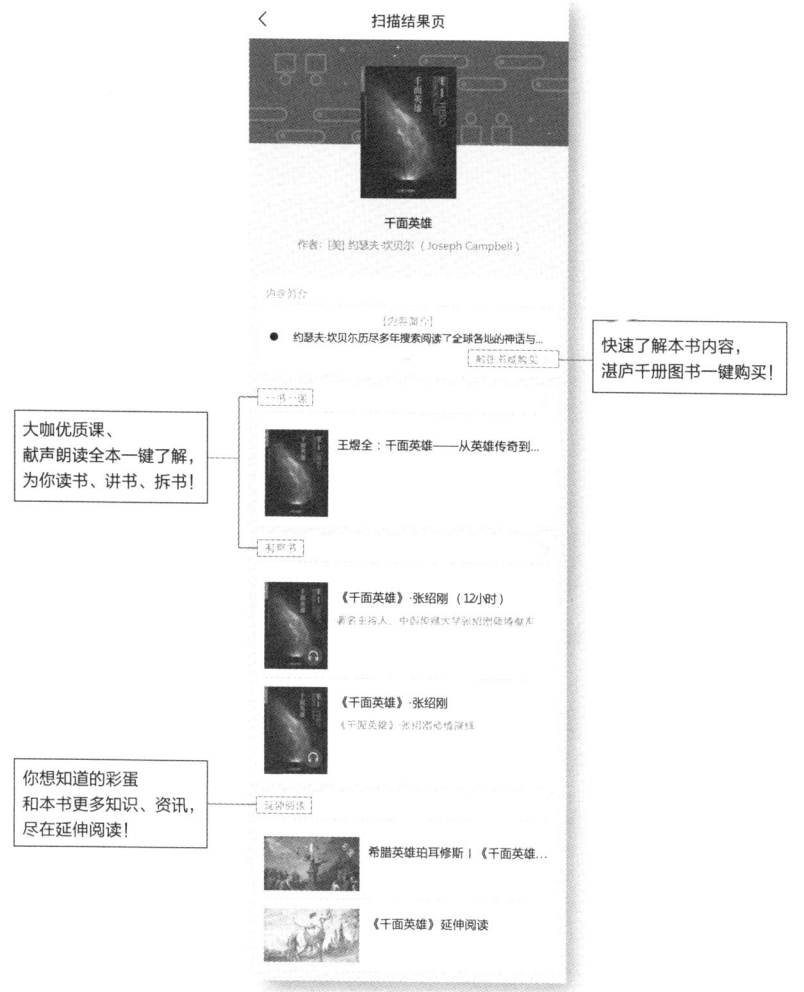

湛庐CHEERS

延伸阅读

《鞋狗》

◎《纽约时报》畅销书，比尔·盖茨特别推荐，"股神"巴菲特读过最好的书之一！

◎ 耐克创始人菲尔·奈特写心力作，优客工场创始人毛大庆倾情翻译。

◎ 还原耐克"从0到1"的创业史话，巨献创业和管理的标杆！

《黑石的选择》

◎ "股神"巴菲特盛赞，全球私募之王黑石集团创始人彼得·彼得森亲笔写作，坦诚公开横跨商界、政界、非政府组织的传奇一生。

◎ 中国银行业协会首席经济学家巴曙松、高毅资产董事长邱国鹭重磅推荐！

《创意天才的蝴蝶思考术》

◎ 达尔文、爱因斯坦、爱迪生、乔布斯等都使用过的思考方法！

◎ 斯坦福大学创新大师奥利维娅揭秘创意天才的灵感来源，手把手教你像天才一样思考，让灵感和创意源源不断迸发。

《脑力升级手册》

◎ 哈佛医学院心理学家带你活用成功者大脑的8大要素，高效使用每一点脑力，掌握出类拔萃的硬核技能！

◎ 成功，不仅需要智力，还要善用脑力！

Chinese Simplified Translation copyright © 2018 by CHEERS PUBLISHING COMPANY

SHOE DOG: Young Readers Edition

Original English Language edition Copyright © 2017 by Phil Knight

All rights reserved.

Published by arrangement with the original publisher, Simon & Schuster, Books For Young Readers, an Imprint of Simon & Schuster Children's Publishing Division.

本书中文简体字版由 Simon & Schuster, Books For Young Readers 授权在中华人民共和国境内独家出版发行。未经出版者书面许可，不得以任何方式抄袭、复制或节录本书中的任何部分。

版权所有，侵权必究。

图书在版编目（CIP）数据

鞋狗：青少版 /（美）菲尔·奈特著；毛大庆译 .—北京：北京联合出版公司，2018.11

ISBN 978-7-5596-1442-1

Ⅰ．①鞋… Ⅱ．①菲… ②毛… Ⅲ．①体育用品—制造工业—工业企业管理—经验—美国 Ⅳ．① F471.268

中国版本图书馆 CIP 数据核字（2018）第 004821 号
著作权合同登记号
图字：01-2017-7197

上架指导：商业传记

版权所有，侵权必究
本书法律顾问　北京市盈科律师事务所　崔爽律师
　　　　　　　　　　　　　　　　　　张雅琴律师

鞋狗：青少版

作　　者：［美］菲尔·奈特
译　　者：毛大庆
选题策划：湛庐CHEERS
责任编辑：牛炜征
封面设计：ablackcover.com
版式设计：湛庐CHEERS 李新泉

北京联合出版公司出版
（北京市西城区德外大街 83 号楼 9 层　100088）
河北鹏润印刷有限公司印刷　新华书店经销
字数 200 千字　880 毫米 ×1230 毫米　1/32　9.5 印张　1 插页
2018 年 12 月第 1 版　2018 年 12 月第 1 次印刷
ISBN 978-7-5596-1442-1
定价：72.90 元

未经许可，不得以任何方式复制或抄袭本书部分或全部内容
版权所有，侵权必究
本书若有质量问题，请与本公司图书销售中心联系调换。电话：010-56676356